不安を消すコツ

「安らぎ」で心を満たす96のことば

植西 聰

自由国民社

まえがき

「不安」という感情は、何も、特別なものではありません。

人は日常的に色々なことに不安を抱きながら暮らしています。

そういう意味では、「うれしさ」や「悲しみ」といった感情と同様に、「不安」も人間の自然な感情の一つと言っていいのでしょう。

ただし、人間の感情をプラス方向のものと、マイナス方向のものに分ければ、「不安」という感情はマイナス方向のものに属します。

その不安が長引いたり、大きくなりすぎると、そのためにその人の幸せで安らぎに満ちた生活に様々な支障をもたらします。

また、不安は、その人の心身の健康に悪い影響をもたらす時もあります。

したがって、不安という感情は、できれば感じないで済ませたいですし、不安を感じることがあっても、できるだけ早くそれを心から消し去るのがいいのです。

では、

「どうすれば不安を感じることなく暮らしていけるか」

「不安を感じたら、どうすればいいのか」

「どうすれば不安を消し去ることができるか」

ということを考えるのが、本書のテーマです。

そして、これらのことを考え、対処法を持っておくことは、「安心できる生活」のために有効なのです。


まず最初に理解しておくほうがいいと思うことがあります。

それは、「不安」という感情は、実際の出来事ではなく、人の心が作り出すものだという点です。

災害が発生するだとか、アクシデントに見舞われるといったことは、「実際の出来事」です。

一方で、不安とは、そのような出来事に対して、人の心が作り出す感情です。

場合によっては、実際に具体的な出来事が起こっていないのに、「こういうことが起こるのではないか」と予想して、不安という感情を心の中で作り出してしまう場合もあります。

したがって、不安という感情は、心の持ち方次第で消し去ることができるのです。実際に起こった出来事は消し去ることはできませんが、心が作り出す不安は、心の持ち方次第で変えることも、消し去ることも可能です。

そういう意味で、本書では、不安に対する「心の持ち方」を中心に解説、アドバイスをしています。

そして、その「心の持ち方」のコツをつかむことができれば、不安という感情と上手につきあっていけるようになります。

なお、本書では様々な分野の人物の名言を紹介していますが、その中にはわかりやすく意訳してあるものがあることをお断りしておきます。

著者

目次

第1章　意識を変えれば、不安も消える　15

第3章　無為自然に生きる　61

第4章 「足りない」という意識を捨てる 85

第5章　不安があるから、「今」を大切にする　107

第6章　心を安らげる方法を知っておく　131

第8章　不安を作り出す「妄想」を捨てる　181

第9章　周囲の状況に振り回されない　203

第1章
意識を変えれば、不安も消える

意識しなければ、不安は消える

◆執着しなければ「空」となる

仏教のお経の一つに、『般若心経《はんにゃしんぎょう》』があります。

このお経の中心思想は**「空《くう》」**だと言われています。

この「空」がどのような思想を表しているかについては色々な解釈があると思いますが、私は自分なりに次のように解釈しています。それは、

「事実はそこにあるが、それに執着しなければ、それは『空』になる。つまり、無いのと同じことだ」ということです。

たとえば、カフェに入って友人と楽しく会話をしています。

そして、その会話に熱中している時は、音楽が流れていても耳には入ってきません。

その本人は「音楽が流れている」ということをまったく認知していない状態です。すなわち流れている音楽は「事実」であったとしても、楽しい会話に熱中している人にとっては「空」であり、「無いのと同じ」なのです。

この「空」という思想は、「不安を消す」ということに関しても当てはまります。たとえば、ある相撲取りには、次のようなエピソードがあります。

その相撲取りは、膝《ひざ》をケガで痛めていました。

そして、土俵に上がるまでは、「この状態でまともな相撲が取れるだろうか」「相手に勝てるだろうか」と不安に思っていました。

しかし、思い切って土俵に上がって、相手の目を見ながら仕切っているうちに、どんどん集中力が高まって、「不安に思っていたことが徐々に薄らいでいった」と言います。そして実際に取り組みが始まった時には、「膝に不安があったことなどすっかり忘れていた」というのです。

このように「膝の痛み」は事実であったとしても、その「不安」に執着せず、「今、ここ」だけに意識を集中させることで、「不安」という感情は消えていくのです。

「将来の不安」から「今の楽しみ」に意識を切り替える

◆親しい友人と楽しいおしゃべりをする

「取り越し苦労」という言葉があります。

この言葉にある「取り越し」は、「これから先のこと、未来のことを先取りして考える」ということを意味しています。

また「苦労」とは、その結果「精神的に苦労する」ということです。

つまり、「取り越し苦労」とは、「先のことを考えて、『ああなったらどうしよう。こうなったら大変だ』と心配することによって、精神的に苦労する」ということを意味しているのです。

これから起こることをあれこれと想像して、精神的に消耗《しょうもう》してしまうのです。

人が心に抱える「不安」という感情は、その大部分が、この「取り越し苦労」であると思います。

このような不安をいつまでも抱えていることは決して良いことではありません。そのために悲観的になり、前向きにがんばっていこうという意欲が失われていくからです。

したがって、このような「不安」は早く心から消し去るのが良いでしょう。


では、どのようにして不安を消すのかと言えば、その方法の一つとして、**「『これから先のこと』から『今を楽しむこと』に意識を切り替える」**というものがあります。

たとえば、親しい友人に電話をして、一時、おしゃべりを楽しみます。

そうやって今を楽しんでいる時には、不安に思うことを忘れていられます。

そして、そんな楽しい一時を過ごすことで、気持ちが前向きになっていきます。

不安を乗り越えていく勇気が生まれます。

「これからの不安」は、心からエネルギーを奪い去る

◆何か好きなことに熱中してみる

思想家、ヨガの行者として活躍した人物に、中村天風《なかむらてんぷう》（19〜20世紀）がいます。

彼は、

「取り越し苦労というものくらい下らぬものはない。それは心のエネルギーを消耗するだけで、何の得るところもない」

と指摘しました。

この言葉にある「取り越し苦労」とは、「これから起こることを不安に思うこと」と言い換えてもいいと思います。

そのような「不安」という感情は、「心のエネルギーを消耗」させてしまう力がとても大きいのです。

そして、その結果においては、何の得るところもないのです。

ですから、そのような否定的な意味しかない「不安」は、できるだけ早く心から消し去るほうがいいと思います。

そんな不安を消し去る方法の一つに、**好きなことに熱中することによって、意識を「先のこと」から「今のこと」に切り替える、**というものがあります。

たとえば、ある女性は、不安に思うことがあった時には、好きな編み物に熱中すると言います。

集中して編み物をしている時には、不安に思うことを忘れることができるからです。

そして、編み物がいい気分転換になって、気持ちが前向きになってくるからなのです。

そういう意味では、この事例の女性のように「不安をなくす」ということのために、自分なりに何か好きなもの、熱中できるものを持つことが必要です。

心配するのは、実際に「その時」が来てからでいい

◆その時が来るまでは「今の努力」を続けていく

西洋の格言に、

「橋に来るまで、橋のことを心配するな」

というものがあります。

これから橋を渡って隣町へ行こうとします。

しかし、まだ橋よりもずっと手前にいる段階で、「もし橋が落ちていたら、どうしよう。橋を渡って隣町へ行くことができなくなったら大変だ」などと不安に思ったらどうでしょう。

すると、その不安感が心の中でどんどん大きくなっていきます。

その結果、心からエネルギーが奪われていって、橋まで歩いて行こうという気力ま

で失うことにもなりかねません。

場合によっては、そこで「歩く」という努力をやめる人も出てくるかもしれません。

実際には、橋は落ちておらず、安心して橋を渡って行けるにもかかわらずです。

そういう意味で、「余計なことは心配せずに、とにかく橋まで歩いて行ってみればいい」ということを、この格言は指摘しています。

つまり、橋のことを心配するのであれば、実際に橋まで行ってみて、自分の目で橋の状態を見てからでいい、ということなのです。

まだ見えない先のことを、あれこれ心配してもしょうがないのです。

この西洋の格言は、「心配」や「不安」といったネガティブな感情への対処の仕方を教えてくれていると思います。

つまり、**先々のことを過度に心配したり不安に思うのではなく、「その時が来る」までは、今の努力を続けていくほうが大切だ**ということです。

今という一瞬一瞬を、好きなことに熱中してみる

◆料理が好きな人は、料理に熱中してみる

僧侶として、また、作家として活躍している女性がいます。

彼女は、「**一瞬一瞬、今という時間を大切に生きれば、やがて来ることの不安におびえたり、やがて来るかもしれない不安に取り越し苦労をしている暇《ひま》などない**（意訳）」という話をしていました。

まだ実際に起こっていない先々のことを不安に思っても仕方ありません。

それよりも重要なのは、「一瞬一瞬、今という時間を大切に生きる」ということなのです。

言い換えれば、今という一瞬一瞬を生きることで、不安という感情を消し去ることができます。

ある料理好きの女性がいます。

彼女は、今後の生活のことで不安に思うことがある時は、好きな料理に熱中する、と言います。

好きな料理に熱中している「今という一瞬一瞬」を大切にするように心がけます。

そうすることで、意識が「不安」から、料理を楽しんでいる「今」へ切り替わります。結果的に、瞬間的に不安という感情が消えます。

また、熱中して作った料理を、家族たちが美味しいと言って食べてくれることは、精神的な癒《いや》しにもつながります。

その癒しも、不安を消すということに大いに役立っているのです。

不安を消し去りたい時には、この女性のように、**好きなことに熱中している「今という一瞬一瞬」を大切にする**、という方法もあると思います。

つまり、意識を不安から、今の楽しみに変えればいいのです。

おしゃれを楽しむことで、瞬間的に不安から逃れられる

◆おしゃれをして、街に出かけてみる

おしゃれが好きな人は、おしゃれを楽しむことが、不安という感情を瞬間的になくす方法の一つになると思います。

大手の通信会社で働く中間管理職の女性がいます。

彼女は、責任のある仕事を任されていることもあって、仕事のことで不安に思うことがよくあると言います。

時には、休日にまで、その不安を引きずってしまうこともあります。

そんな時は、彼女はおしゃれをして街に出かけます。

彼女はもともとおしゃれをすることが好きな女性なのです。

洋服選びをしている、その一瞬一瞬を楽しみます。

また、おしゃれをして街を歩いている今という時間を楽しむのです。

意識を不安からおしゃれにフォーカスすることで、不安に思っていたことを瞬間的に忘れられます。

その結果、いい気分転換ができ、休日明けからまた元気に仕事を進めていくことができるのです。

彼女が言うとおり、おしゃれというものには、気持ちを明るくしてくれる効果があるようです。

また、気持ちを前向きにしてくれる効果があります。

そういう意味で言えば、この事例の女性のようにおしゃれが好きな人はもちろんのこと、そうではない人も、**不安から逃れたいという時があれば、おしゃれをして街に出かけてみる**のも、不安を消す一つの方法だと思います。

星空を眺めていると、その不安が「どうでもいいこと」に思えてくる

◆星空を眺めることで、自分を客観視できる

瞬間的に不安を消す方法の一つとして、**「星空を眺める」**というものがあります。

夜、星がまたたく空を見上げてみるのです。

きれいな星に心が癒《いや》されて、不安が消えていくという効果もあります。

また、そこで、広大な宇宙をイメージしてもいいでしょう。

そうすると、「自分はなんて小さなことを不安に思っているのだろう。こんな小さなことなんて、どうでもいい」という気持ちにもなってきます。

ドイツの小説家であるトーマス・マン（19～20世紀）は、**「私が一番好きなことと言えば、夜、星空を眺めることだ。なぜかというと、この地上で生きることの不安から、**

また人生の不安から目をそらすのに、これほどよい方法があるだろうか（意訳）」と述べました。

この言葉にある「目をそらす」とは、言い換えれば、「不安を忘れ去る」「不安に思っていることを消し去る」ということだと思います。

このような気持ちになるのは、ある意味、自分を客観視している証しです。

自分という人間を、自分から少し離れた場所から客観的に見ているのです。

自分を客観視することで、「自分がいかに、どうでもいいような小さなことを不安に思っていたか」ということがわかってくるのです。

星空を眺めることで、自分の意識が自分自身という存在から離れます。

そして、意識が宇宙へと浮かんでいって、まるで宇宙から自分自身を客観的に見ているような気持ちになっていきます。

そして、その不安が「どうでもいいこと」と気づいた瞬間に、その不安は消えていくのです。

「きれいな花」へ意識を切り替えることで、心が和む

◆身の周りに、気持ちを和ませてくれるものを見つける

こんな例え話があります。

ある旅人が森の中を歩いていました。

その旅人は、「今、熊に襲われたら、どうしよう」と、だんだん不安な気持ちになってきました。

森の中には、誰も見当たりません。

つまり、熊に襲われた時に、助けてくれる人など誰もいないのです。

旅人の不安は大きくなるばかりでした。

そこで旅人は、意識の持ち方を切り替えることにしました。

足元に目をやれば、きれいな花がたくさん咲いています。

耳を澄ませば、鳥が美しい声で鳴いています。

顔を上げれば、そこには清々しい青空が広がっています。

旅人は、そのきれいな花に心を和《なご》ませたり、鳥の声を楽しんだり、青い空に感動することに、意識の方向を切り替えたのです。

そうすることによって、「熊に襲われたら、どうしよう」という不安から逃れることができました。


この話は、「不安を消し去る」ためのコツの一つを教えてくれています。

それは、**「今を楽しむ」ということに意識を切り替える**、ということです。

まずは、今いる場所を見まわしてみます。

たとえ不安があっても、そこには、楽しい気持ちにさせてくれるもの、心を和ませてくれるものが何か見つかるはずです。

それを見つけたら、意識を切り替えて、そこに集中させるのです。

「ありえない話」を不安に思っていても、意味がない

◆「天が地上に落ちてくる」ような話に惑わされない

「杞憂《きゆう》」という言葉があります。

「不安に思わなくてもいいことを、不安に思う」とか、「取り越し苦労をする」といった意味です。

この言葉には、語源となった次のようなエピソードがあります。

「杞憂」の「杞《き》」とは、古代中国にあった国の名前の一つです。

この「杞」という国に住んでいたある人が、「もし天が、この地上へ落下してきたらどうしよう。私などは天に押し潰《つぶ》されることになるだろう」と、毎日憂《うれ》いながら暮らしていた、というのです。

この「憂う」という言葉には、「不安に思う」「心配する」という意味があります。

そもそも「天が地上に落ちてくる」ということなど、ありえない話です。

しかし、「人間というものは往々にして、そんな「ありえない話」を不安に思って心を悩ませてしまうことも多い」ということを、この「杞憂」という言葉は表しています。

言い換えれば、そんな「ありえない話」を不安に思うことは愚かなことである、ということになります。

それは、心のエネルギーの無駄遣《むだづか》いでしかないからです。

ですから、そのような種類の不安は、意識を変えて、**「今、何か楽しめるものを見つける」**という方法によって心から消し去るほうが得策です。

親しい人とおしゃべりをしたり、おしゃれを楽しんだり、花を見て心を慰めるなどの方法で、その不安を消し去るのです。

意識を別の何かに転換すれば、不安は消えていきます。

「気持ちよく歌う」ことで、不安が和らぐ

◆歌を歌うことで、ストレスが軽減する

瞬間的に不安を消し去る方法の一つとして、**「歌を歌う」**のが効果的だということが知られています。

あるカラオケ機器のメーカーと、ある大学の医学部の共同研究によって、次のような実験がありました。

まず、実験に参加した人たちの唾液《だえき》を採取しました。

次に、その人たちに、好きな曲をカラオケで3曲歌ってもらいました。

その後、もう一度、その人たちの唾液を採取しました。

そして、カラオケを歌う前と、歌った後で、唾液の中に含まれているコルチゾール

という物質の量に、どのような変化があるか調べたのです。

その結果、カラオケで歌を歌った後は、歌う前よりもコルチゾールの量が減少したことがわかったと言います。

このコルチゾールという物質は、別名ストレスホルモンとも呼ばれています。

不安や心配といった感情から精神的にストレスがかかると、人の唾液の中でコルチゾールが増えます。

言い換えれば、不安や心配といった感情が和らぐと、このコルチゾールという物質が減るのです。

そして、このコルチゾールを減らすためには、つまり、心から不安や心配を消し去るには、「気持ちよく歌を歌う」ということが効果的であると実験でわかったのです。

誰でも、日常生活の中で、不安を感じることもあると思います。

そんな時は、**意識を「歌う」ことに集中させ、不安を忘れる**のもいいと思います。

過去の失敗へのトラウマが、将来への不安を作り出す

◆日頃から「楽しい今」に意識を向けるようにする

人には、ある失敗をすると、「将来的に、また同じ失敗をするのではないか」という不安にとらわれるようになる、という心理傾向があります。

そのために、幸福になるチャンスが出てきたとしても、消極的な気持ちになって、せっかくのチャンスを逃がすことにもなります。

イラストレーターをしている、ある男性がいます。

彼は、以前、重要な仕事を頼まれた経験がありました。

大いに張り切って仕事に打ち込みましたが、その成果はあまり良いものではありませんでした。

その結果、彼は評判を落とすことになりました。

それ以来、飛躍のチャンスとなるような仕事に恵まれたとしても、「また同じ失敗をすることになるのではないか」という不安が頭をよぎって、積極的な気持ちにはなれない、と言います。

このようにして人には、過去の失敗がトラウマ（心的後遺症）になって、自分の将来に不安を抱いてしまうことがあります。

このような過去のトラウマから不安を感じた時は、**何か楽しいことをして、その「今」という時間に意識を向ける**ことで、不安が和らぎます。

・好きな映画を観て、その「今」という時間に意識を切り替える。
・楽しい旅行の計画を立てている「今」という時間に意識を切り替える。
・愉快な写真を眺めながら、その「今」という時間に意識を向ける。

このような「楽しい今」に意識を向けることで、過去のトラウマから生まれてくる不安も和らいできます。

そして、将来へ向かって積極的にチャレンジしていく意欲もよみがえってきます。

第2章
天運に任せて生きる

無暗に不安になるより、楽観的な気持ちを心がける

◆注意は怠らず、楽観的に暮らしていく

「人は日常的に、どんなことに対して不安を感じて生きているのか」ということを調べるアンケート調査が行われることがあります。

そのようなアンケートを見ていると、最近よく上位に挙げられるのが「自然災害への不安」です。

確かに最近は、水害や地震などの自然災害がよく発生し、そのたびに地域の人たちが苦労を強いられることがあります。

また、ウイルスなどの感染症が、多くの人たちを不安に陥《おとしい》れる事態になる、という場合もあります。

このような現状の中で、

「自分自身が自然災害に見舞われたら、どうしよう」

「私自身がウイルスに感染したら、どうすればいいんだ」

といった不安を感じている人も多いようです。

もちろん自然災害や、あるいは感染症などは十分に注意し、事前に準備をしておくことも大切でしょう。

しかし、無暗《むやみ》に不安に思うことは精神的に良くありません。

無暗に不安に思うと気持ちがだんだん暗くなってきて、何事も悲観的に思えてくるからです。

そのため、前向きに生きていくことが不可能になります。

したがって、**危険への注意や準備は怠《おこた》らずに暮らしながら、今何事もない日常生活を送っている間は、楽観的な気持ちでいる**ことが大切です。

楽観的な気持ちでいることで、前向きに生きていけます。

すべてを「天運」に任せて、心を安らげる

◆「災難に遭う時には、遭うしかない」という心構えでいる

江戸時代後期の禅僧に、良寛《りょうかん》（18～19世紀）がいます。

この良寛には、次のようなエピソードがあります。

当時、彼が暮らしていた現在の新潟地方を大地震が襲いました。死者も大勢出たと言われています。

その際、良寛のもとに、ある知人から「ご無事でしょうか」ということを問い合わせる手紙が届きました。

幸い、彼は無事でした。

そして、そのことを知らせるために書いた手紙の中に、良寛は、

「災難に遭《あ》う時には、遭うしかありません。

死ぬ時には、死ぬしかありません（意訳）」

と記しました。

ある意味、投げやりで、ぶっきらぼうな言葉ですが、ここには禅僧である良寛の深い考えがあるように思います。

それは、**「天の運に身を任せて、楽観的に生きる」**ということです。

「災難に遭う」ということも、「死ぬ」ということも、いわば「天運《てんうん》」です。

いくら「災難に遭いたくない」「死にたくない」と思って、不安な気持ちになったとしても、それは自分の力ではどうすることもできない「天の運」なのです。

そうであれば、自分自身の運命、つまりこの世でどんな経験をするかということは天運に任せて、あまり不安に思わずに生きていくほうが得策です。

そのようにして、楽天的な気持ちでいるほうが心にとっていいのです。

そうすることで、心が安らぐからです。

時に辛いことも起こる世の中を、安らかな気持ちで生きていけるのです。

災難を不安に思った時に、どう考えればいいのか？

◆人生を楽しむためには、いい意味で開き直るしかない

ある女性は、テレビでニュースを見ていると、不安な気持ちにさせられることがあると言います。

最近、世界各国でテロ事件がよく発生します。紛争や政治的な対立から起こるテロ事件もありますが、一方で、個人が学校や商店などで銃《じゅう》を乱射する、また、人質を取って立てこもる、といった事件も起こります。

そのような事件をテレビニュースで見るたびに、彼女は「私も、いつか、このような事件に巻き込まれることになるのではないか」という不安にかられるのです。

そのために、外出したり、繁華街に行くことにもためらいを感じているのです。

確かに今は物騒なことが多い世の中ですので、この女性のような不安を感じながら

暮らしている人は他にもいるかもしれません。

もちろん、そのような事件に巻き込まれることがないように、普段から注意しておくことは大切だと思います。

しかし、一方で、事件に巻き込まれる不安から、家の中に閉じこもってばかりいたら、それはそれで精神的にまいってしまうでしょう。

そういう意味から言えば、**事件に巻き込まれることの注意は怠《おこた》らずに持っておきながら、心のどこかでは「自分の運命は天運に任せる」という、いい意味で開き直った考えを持っておく**ほうが良いと思います。

良寛が言った「災難に遭《あ》う時には、遭うしかない。死ぬ時には、死ぬしかない」という、「天運に任せる」という考えです。

注意をしつつも、一方でいい意味で開き直っていてこそ、人生の楽しいことを大いに謳歌《おうか》できるのではないでしょうか。

運命を天に任せて、楽天的な気持ちでいる

◆「任運」の考え方で、不安を振り払う

禅の言葉に、**「任運騰騰《にんぬんとうとう》」**というものがあります。

この言葉にある「任運《にんぬん》」には、「自分の運命を天に任せる」という意味があります。

また、「騰騰《とうとう》」は、「ネガティブな感情にとらわれることなく、明るく元気に生きていく様子」を表しています。

つまり、「任運騰騰」とは、**「『自分の運命を天に任せる』という意識を持つことで、不安や心配といった感情にとらわれることなく、明るく元気に生きていける」**ということを説いています。

「将来、どうなるか不安だ」

「結果が気になって、不安でしょうがない」

といったことを言う人がいます。

しかし、そのような「将来どうなるか」とか「結果がどうなるか」といったことは、「天に任せる」という心構えでいるのが良いのです。

そうするほうが、今現在という時間を明るく元気に生きていけます。

もしも不安や心配といった感情にとらわれたままでいたとしたら、決して精神的な明るさや元気といったポジティブな感情はもたらされないでしょう。

そういう意味で、「任運」、つまり「自分の運命を天に任せる」という意識を持って生きていくことが大切なのです。

この「任運」という考え方は、ある意味、「楽天思考」と呼ぶこともできると思います。

自分の将来をあまり悲観せず、運命を天に任せて楽天的な気持ちでいてこそ、明るく元気でいられるのです。

「一切なりゆき」で、今の人生を楽しんでいく

◆今後のことを不安に思っていては、今を楽しめない

女優として活躍した樹木希林《ききき りん》（20〜21世紀）さんの言葉に、

「一切なりゆき」

というものがあります。

この言葉は、言い換えれば、「成り行きに任せて生きる」という意味だと思います。

「これからの人生のことについて、あれこれ不安に思ったりせずに、成り行きに任せて生きる」ということです。

「私の人生が、これからどうなっていくか不安だ」という話をする人がいます。

確かに、自分の人生の未来を予測するのは難しいことでしょう。

特に、現代のように世の中の変化が激しい時代には、自分の人生が今後どうなっていくかを予測するのは困難です。

今、特別問題なく安泰《あんたい》な生活を送っていたとしても、一年後、あるいは三年後、自分の人生がどうなっているかはまったくわかりません。

もしかしたら、予想もしていなかった出来事に見舞われることになるかもしれないのです。

そういう意味では、「今後どうなるか不安だ」と言う人の気持ちはわかります。

しかし、「不安だ」と言っているばかりでは、この人生を楽しめないのも事実です。

したがって、この樹木希林さんの言葉にあるように「一切なりゆき」で、「成り行きに任せて生きていく」と考えていくほうがいいと思います。

それが、結局は、自分の人生の「今」を楽しみ、それを充実したものにする方法だと思います。

人生は「なるようにしかならない」と開き直ってみる

◆いい意味で開き直ってこそ、今を大切に生きていける

「一寸《いっすん》先は闇」という格言があります。

この言葉にある「一寸」とは昔の長さの単位で、現在の単位で言えば「約三センチ」です。

つまり、「一寸先は闇」とは、「たった三センチ先も闇に覆われていて、その先は見通せない」という意味です。

ただし、これは例えであって、「たった三センチ先も闇に覆われていて、その先は見通せないのと同じように、人間は、明日、あさってのことにしても、闇に覆われてまったく見通せない。すぐ先の未来のことであっても、どうなるかわからない」ということを言い表しているのです。

つまり、「明日のことさえどうなるかわからないから、不安になる」ということを指摘しています。

確かに、人間の心理には、そういう一面もあるのでしょう。

ここで、仏教の創始者であるブッダ（紀元前５～４世紀）の言葉を紹介したいと思います。

それは、**「不安に思ってはいけない。人生はなるようにしかならないのだから、今を大切にして生きていくのが賢明だ」**というものです。

この言葉にある「人生はなるようにしかならない」とは、ある意味、開き直った考え方であると思います。

ただし、そのように開き直ることができない限り「今を大切にする」ということはできません。

人間にとってもっとも大切なのは、「いかにして今を大切に生きるか」ということなのです。

自分らしく、自分の好きな生き方をする方法とは?

◆不安がある限り、自分らしい生き方はできない

「自分らしくイキイキと生きていきたい」

「自分の好きな道を精力的に歩んでいきたい」

多くの人たちが、そのように望んでいると思います。

しかし、そこで、

「私の能力でやっていけるか不安だ」

「うまくいかなかったらと考えると、不安でしょうがない」

といったネガティブな感情を抱いていると、この「自分らしく生きたい」「好きな道を歩んでいきたい」というポジティブな意志も弱まってしまいます。

したがって、そのような不安な思いは振り払うことが大切です。

では、どうすれば不安な気持ちを振り払うことができるのかと言えば、その方法の一つは、すべてを天運に任せる気持ちを持って、「なるようになるさ」と、いい意味で開き直ることなのです。

ラグビーの選手、また、指導者として活躍した人物に、平尾誠二《ひらおせいじ》（20～21世紀）がいます。彼は、

「将来に不安を感じている間は、自分らしく生きていられない。人生は、なるようにしかならないのだから、それよりも自分の好きな道を進むことだ（意訳）**」**

と述べました。

平尾誠二も、やはり、この言葉で「なるようになる」と、いい意味で開き直ることが大切だ、と指摘しています。

将来のことは天運に任せて上手に開き直ることで、楽しく生きることを邪魔する「不安」を消し去ることができるのです。

運命を天に任せてこそ、思うがままの人生を手にできる

◆不安から逃れられない時は、自分の人生を天に任せてみる

禅の言葉に、**「任運《にんうん》自在《じざい》」**というものがあります。

この言葉にある「任運《にんうん》」には、「自分の人生を、天からもたらされる『運』に任せる」という意味があります。

一方で、「自在《じざい》」は、「自由自在」という熟語でも使われる言葉で、「心が不安や悩みといったネガティブな感情から解放されて、何事も自分の思うがままになる」という意味を表しています。

したがって、「任運自在」とは、**「自分の運命を天に任せてこそ、思うがままの人生を手にすることができる」**と解釈できます。

この言葉は、一見、矛盾しているようにも思えます。

「こういう人生を実現したい」という思いを手放して、それを天に任せてこそ、「思うがままの人生を実現できる」と言っているからです。

しかし、そこに禅の言葉の深い意味があります。

つまり、いったん「こうしたい」という強い思いを手放して、すべて天命に委《ゆだ》ねてこそ、不安、悩み、焦り、といったネガティブな感情から心が解放されるのです。

そして、ネガティブな感情から解放された精神状態になってこそ、力強い生命力を発揮できます。

それによって、力強く自分の人生を切り開いていき、結果的に、「思うがままの人生を実現できる」というところへと至るのです。

「こういう人生を実現したい」という願望がありながら、「でも、本当に私にできるだろうか」といった不安から離れられない人は、この「任運自在」という禅語に秘められた考え方を参考にしてもいいと思います。

「準備」はしっかりして、「結果」を天命に任せる

◆準備に集中し、結果のことは気にしない

プロ野球選手として大活躍した人に、川上哲治（20～21世紀）がいます。

彼は現役時代、人一倍練習に一生懸命な人でした。

その結果、良い成績も残していました。

しかし、彼は、心の中で「もし良い結果を残せなかったら、どうしよう」という不安にいつも悩まされていたと言います。

プロ野球の世界は、いわば「結果」がすべてです。

結果が出なければ、ファンからも見放されますし、レギュラーからもはずされます。

場合によっては、契約を打ち切られることにもなりかねません。

そういう状況から、彼は「もし結果が出なかったら」ということに強い不安を感じ

ていたのです。

その不安感のために、気持ちが乱れるようになりました。

そこで彼は、以前から知っていた禅僧のところへ行って、「この不安に、どう対処すればいいか」と尋ねました。

すると、その禅僧が次のように答えました。

「『人事を尽くして、天命を待つ』。つまり、しっかり努力をして、結果がどうなるかは天命に任せる、ということだ。あなたも、しっかり練習することに専念して、本番での結果は『天命に任せる』という意識を持ったら、どうだろうか」と。

彼は、その禅僧に言われた通りにしました。

そうしたところ、「もし良い結果を残せなかったら」という不安感も消えていったのです。

結果を出せるかどうかということに不安を感じている人は、「人事を尽くして、天命を待つ」ことが大切です。

あまりに強く望みすぎると、かえって不安になる

◆心を込めて、しかし力まずに

現在の茶道の開祖は、室町時代末期から戦国時代にかけて活躍した千利休《せんのりきゅう》（16世紀）という人物です。この千利休の言葉に、

「叶うは良し、叶いたがるは悪《あ》し」というものがあります。

この言葉にある「叶いたがる」とは、「あまりに強く望みすぎる」ということです。

また、「悪《あ》し」とは、「悪いことだ」「良くない」という意味です。

たとえば、茶席にお客さんを招きます。

その際、「大切なお客さんだから、どうしても喜んでもらいたい」と強く望みすぎてしまうことがあります。

そうすると、どうしても「このようなおもてなしで本当に喜んでもらえるだろうか」ということが不安に思えてきます。

その結果、茶席でのおもてなしがギコチないものになって、かえってお客さんをガッカリさせることにもなりかねないのです。

したがって、心をこめながらも、あまり力まずに、自然体で、おもてなしをするほうが良いのです。

お客さんに喜んでもらえるかどうかは、いわば「人事を尽くして天命を待つ」といった心境になればいいのです。

つまり、**しっかりと準備をして、心からのおもてなしをして、それでお客さんが喜んでもらえるかどうかは「天に任せる」**ということです。

そのようにして自然体で臨むほうが、むしろ寛いだ雰囲気を作り出すことができ、結果的に、お客さんにも喜んでもらえるのです。

それが、この千利休の言葉の意味です。

第3章
無為自然に生きる

「無理な思い」を捨てて、ありのままに自然に生きる

◆「無為自然」を心がけることで、不安が和らぐ

古代中国の思想家に、老子《ろうし》（紀元前7～6世紀頃）という人物がいます。

老子の重要な考え方の一つに、**「無為自然《むいしぜん》」**というものがあります。

この言葉の「無為」には、「無理なことはせずに、ありのままの姿で生きていく」といった意味があります。

また、「自然」は、「自然の成り行きに任せて生きていく」という意味を表しています。

まとめれば、この「無為自然」には、
・無理なことをしない
・ありのままに生きる

・自然の成り行きに任せる

といった意味があります。

このような無為自然な生き方を実践してこそ、安らかな心でいられる、楽しく幸せな気持ちでいられる、と老子は説いたのです。

「不安を消し去る」という意味においては、この「無為自然な生き方」を心がけていくということが大切なコツの一つになります。

「無理をせず、ありのままに、自然に」という生き方をすることで、余計な不安に悩まされずに済むようになるのです。

というのも、人は、往々にして、「どうしても認められたい。高く評価されたい」といった無理なことをしてしまいがちです。

そして、そこから「不安な思い」が生まれてくる場合も多いのです。

したがって、そういう「無理な思い」を捨て去って生きるほうが賢明です。

競争に勝つよりも、「不安のない生き方」がいい

◆背伸びをせずに、ありのままの姿で生きる

競争社会の中で生きていくことに、ある種の不安を感じている人もいると思います。

ちょっとでも油断をしていたら、その隙《すき》に周りの人たちにどんどん追い抜かれていくことになるかもしれません。

そうなると、いつも気が張り詰めた状態で生きていかなくてはなりません。

また、周りの人たちに比べて自分を有能な人間に見せようと、見栄を張って背伸びをしながら生きている人もいるでしょう。

あるいは、人よりも少しでも早く大きな成果を上げたいと、気持ちを焦らせて先を急いでいる人もいるかもしれません。

しかし、競争社会の中でもたらされる、そのような「不安」「緊張」「見栄」「焦り」

といった感情は、その人の「心安らかで幸福な人生」にとっては必ずしも良い影響を与えません。

むしろ、それらのネガティブな感情が負担になって、元気に生きていく意欲が失われていく場合もあるでしょう。

古代中国の思想家である老子は、次のように説きました。

「自分を大きく見せようと思って、背伸びをしている人間は、足がしびれてきて長くは立っていられない。

少しでも早く目的地に到達したくて大股《おおまた》で急いで行く者は、体のバランスを崩して転ぶことになる危険が高い」と。

したがって、「自分を大きく見せようとしたり、早く成果を上げることに焦るのではなく、ありのままの姿で自然に、心安らかに生きることが大切だ」と老子は説いたのです。

そして、それが「不安のない生き方」につながる、ということなのです。

「認められたい」よりも、「自分らしく、自然に」を心がける

◆「認められたい」という意識に縛られすぎない

「認められたい」という気持ちが、強い不安感をもたらすことがあります。

「会社で、周りの人たちから『あの人は仕事ができる』と認められたい」

「友人たちから『あの人は、いい人ね』と認められたい」

といった気持ちです。

もちろん、このように「認められたい」という気持ちを持つこと自体は悪いことではありません。

この「認められたい」という気持ちから、「がんばろう」という意欲が生まれ、また、「人間的に成長しよう」という向上心が芽生えるのも事実だからです。

しかしながら、一方で、この「認められたい」という気持ちが強くなりすぎると、そ

こに精神的な歪《ひず》みが生じてくるのもまた事実です。つまり、「私は会社で認められていないのではないか。ダメな人間だと見なされているのではないか」

「私は、実際には、友人たちからあまり良く思われていないのかもしれない。もしそうだったら、どうしよう」

といった不安が大きくなってきて、気持ちが暗くなってきます。

それが精神的に大きなストレスにもなってくるのです。

そういう意味では、「認められたい」という意識に、あまり強く縛りつけられないように心がけていくことが大切です。

むしろ、この**「認められたい」という意識はひとまず横に置いておいて、もっと自然に、自分らしく、伸び伸びと生きていくことを心がける**ほうがいいのではないでしょうか。

そのほうが、心が楽になります。

「無理をせず、ありのままに、自然に」で、才能を発揮する

◆余計な不安が、その人の長所を奪っていく

次のような話があります。

ある男性は、子供の頃、面白いことを言ったり、やったりするのが得意で、学校では人気者でした。

彼は、成長するにつれて、だんだんと「将来はお笑いタレントになりたい」と考えるようになりました。

「面白いことをして、人を笑わせる」という特技を生かして、お笑いタレントとして成功したい、ということを夢見るようになったのです。

そして、実際に、ある芸能プロダクションに所属して、プロのお笑いタレントとして小劇場の舞台などで活動するようになりました。

しかし、プロになったとたん、不安に悩まされるようになりました。

「私のネタや芸は、観客たちにウケているだろうか」「面白くないタレントだと思われていないだろうか」といった不安に悩まされるようになったのです。

プロになったことで、彼には一層「認められたい」「この世界で人気者になりたい」「成功したい」という思いが強くなりました。

しかし、そんな熱意が、かえって不安を持つ結果をもたらしたのです。

そして、その不安感のために舞台で伸び伸びとしたパフォーマンスを演じられなくなっていきました。

そのために、お客さんたちに、まったく笑ってもらえなくなりました。

「このままでは、いけない」と考えた彼は、そこで、「認められたい。人気者になりたい」という意識を捨てて**「無理をせず、ありのままに、自然に」自分の芸を演じられるように心がける**ようにしました。

その結果、伸び伸びと自分が本来持っていた才能を披露できるようになり、お客さんたちにも楽しく笑ってもらえるようになったと言います。

プロになったことで、余計な不安に悩まされるようになる

◆プロだからこそ、「無為自然」を心がけるのがいい

「アマチュアの時には、すごい才能を発揮できていたのに、プロになったとたんまったく活躍できなくなる」ということがあります。

たとえば、ある将棋の棋士《きし》は、アマチュア時代、「とても才能がある。将来が楽しみだ」と評判だったといいます。

しかし、プロの棋士になってからは、将来有望視されていたその才能をまったく発揮できなくなりました。

なぜ、プロになってから才能が発揮できなくなったのかといえば、それは、「プロとして活躍するために、絶対に勝っていかなければならない。しかし、プロの世界は甘くはない。周りには強い人たちばかりがいる。そんなプロの世界で本当に勝っていけ

るだろうか」といった不安に悩まされるようになったからなのです。

そのような不安やプレッシャーといったものが精神的なストレスになっていき、自分が本来持っている才能を十分に発揮できなくなったのです。

自分が持っている才能や能力を存分に発揮するためには、いったん不安から心を解放する必要があります。

その後、「気持ちが楽になった状態」になった時に、初めて才能や能力を存分に発揮できます。

そういう意味で言えば、老子の思想である「無為自然」を実践することが有効です。

つまり、**「無理をせず、ありのままに、自然に」ということを心がける**ことで気持ちが楽になり、余計な不安やプレッシャーから解放されます。

そうすることで、才能や能力を存分に発揮できます。

プロになったことの不安から解放されるコツの一つとして、この「無為自然」という老子の思想を覚えておくのもいいでしょう。

「アマチュア精神」を発揮するほうが、むしろうまくいく

◆プロになっても「アマチュア精神」を忘れない

フリーランスデザイナーとして活躍している女性がいます。

彼女は美術大学に通っていた時に展覧会などに発表したグラフィック・デザインが注目され、卒業後、プロのデザイナーになりました。

いわば、アマチュアからプロへと転向した一人です。

彼女が今、仕事をする際に心がけていることは、**「プロになっても、アマチュア精神を忘れない」**ということだと言います。

それはなぜかといえば、「私はプロだ」という意識を強く持ちすぎると、「成功しなければならない」「さらに注目されるような作品を仕上げなければならない」という意識が強くなりすぎるからなのです。

それがプレッシャーになって不安感が募《つの》り、かえって自分が持っているいい面を発揮できなくなるのです。

ですから、彼女は、今でも「アマチュア精神」を心がけています。

彼女が言う「アマチュア精神」とは、**「『成功したい』『注目されたい』といったプレッシャーから解放され、無理をせず、伸び伸びと自然に、自分が面白く感じたことや、いいと思ったことをありのままにグラフィック・デザインの作品に表現していくこと」**だと言います。

そのようなアマチュア精神を心がけるほうが、いい作品ができ、また、世間の評判もいいようです。

このグラフィック・デザイナーが言う「アマチュア精神」も、老子の思想である「無為自然」に通じるものがあると思います。

これは、自分の才能を生かすために参考になる話だと思います。

大きな仕事を任された時こそ、肩から力を抜くのがいい

◆平常心で「大切な仕事」に立ち向かう

誰でも、「大きな責任ある仕事を任される」ということがあると思います。

その本人にとっては名誉なことであり、喜ばしいことでもあるでしょう。

「一層がんばろう」という意欲も湧きあがってくると思います。

しかし、人によっては、それが「不安の種」になることもあるようです。

大手の通信会社に勤める男性がいます。

彼はとても有能な社員だったので、それを見込まれて大きなプロジェクトを任されることになりました。

もちろん彼は、そのことに大きな喜びを感じ、「期待に応えたい」という気持ちを強く持ちました。

しかし、一方で、「もし十分な成果を上げられず、周りの人たちの期待を裏切る結果になったらどうしよう」ということに強い不安を感じるようになりました。

そして、そんな不安から気持ちがどんどん後ろ向きになって、仕事に集中できなくなってしまったのです。

このように「大きな責任ある仕事を任される」という喜ばしい出来事が、その本人にどうしようもない不安をもたらすこともあるのです。

では、このような場合に、どのようにすれば、この「期待を裏切る結果になったらどうしよう」という不安から逃れられるのかと言えば、老子の「無為自然」という思想が参考になると思います。

つまり、「期待に応えなければならない」と自分に強いプレッシャーをかけるのではなく、このような時こそ、**「無理することなく、自然に自分の実力を出していけばいい」**と、ある意味、気持ちを楽にして考えてみるのです。

そうすることで肩から力が抜け、不安も消えていくのです。

個性などなくても、競争社会で生き残ることは可能だ

◆「水」のように生きれば、周りから大切にされる

今の時代はよく、「これまでにない画期的なことをしないと成功できない。個性を発揮できない人間は生き残れない」といったことが言われます。

そのような風潮の中、「私には、これといった個性はない。だから生き残れないのではないか」という不安を抱いている人もいるようです。

しかし、そのような「これといった個性がない人」であっても、十分に生き残っていけるのではないでしょうか。

実際には、そのようなタイプの人が、周りの人たちにたくさんの恩恵を与えている場合も多いのです。

「無為自然」を説いた老子は、また**「『水』のように生きることが大切だ」**とも言いました。

「水」は、まさに「これといった個性がない存在」です。

味がなく、色もなく、臭いもありません。特定の形もありません。

しかし、そのような個性がない存在であっても、水はこの世に生きている生き物に多くの恩恵をもたらしています。

植物も動物も、もちろん人間も、水がなければ生きていけません。

水は万物の生命の源と言っていい存在なのです。

老子は、そのような「水」のように、個性がなくても周りの人たちに多くの恩恵を与えることが大切だ、と説いたのです。

言い換えれば、周りの人たちのために役立ち、喜んでもらえることをするように心がけていく、ということです。

そうすれば、個性などなくても、周りの人たちから貴重に思われ大切にされます。

「生き残れない」などと不安に思うことはなくなるのです。

人の要請には、素直に応じてみるのがいい

◆「四角くなれ」と言われたら、四角くなってみる

周りの人たちから「こうしてほしい」と要請されることに、素直に順応しようとしない人がいます。

このようなタイプの人は、周りの人たちからの要請に素直に従ってしまったら、「相手から甘く見られるのではないか」「相手から、なめられることになるのではないか」といった不安にとらわれているのかもしれません。

ですから、何か理由をつけて、「私にはできない」「私は嫌だ」と断ろうとするタイプの人もいるのです。

しかし、そのように「相手から甘く見られる」「相手から、なめられる」ということ

を、不安に思う必要はないと思います。

「水のように生きることの大切さ」を説いた老子は、次のような例え話をしました。

水は四角い器に入っている時は、四角い形になります。

また、丸い器に入っている時は丸い形になります。

老子は、**「人間も、水が持つこのような柔軟な性質のように、周りの人たちから要請されることに素直に順応していくのがいい。それが人間としての良い生き方だ」**と説きました。

つまり、相手から「四角くなってほしい」と要請されたら、素直にそれに従って四角い形になります。

また、誰かに「丸くなってください」と頼まれたら、素直に丸い形になるのです。

そのように周りの人たちの要請に素直に順応できる人は、周りの人たちから大切にされます。

周りの人たちに大切にされるほうが「不安のない生き方」になると思います。

「流されやすい」とは、「自然の摂理に従っている」ということ

◆「流されやすい性格」を、不安に思う必要はない

「周りの人たちの意見に流される」

「世間の風潮に流される」

「その場の雰囲気に流される」

といった言い方があります。

このような言い方に出てくる「流される」という言葉には、一般的に、あまりいい印象は抱かれていないようです。

それは「信念がない」「自分の考えがない」「個性がない」といった印象に結びつきやすいからです。

また、「私は流されやすいタイプだ。こんな私は世間での評価は低いのだろうか」と

いうことに不安を感じている人もいるかもしれません。

しかし、「流される」ということは、必ずしも悪いことではないと思います。

老子は「水」を例えにして、次のように説きました。

「水は低いほうへ低いほうへと流されていく。いや、みずから低いほうへと流れていく。それは、言い換えれば、自然の摂理《せつり》や法則といったものに素直に従っている、ということだ。自然の摂理に従ってこそ、人は心安らかに生きていける」と。

つまり、この話に当てはめて言えば、周りの人たちの意見や、世間の風潮といったものに、無理をして逆らうことはないのです。

そういうものに「流されていく」のも、「自然の摂理に従うこと」だと考えて、それに素直に従っていけばいいのです。

老子は、「それが心安らかに生きるコツだ」と指摘しました。

「自分は流されやすいタイプだ」と不安に感じている人がいるとすれば、むしろ「流れに任せる生き方」だから不安がなくなる、と考えるほうがいいと思います。

一見「力がない」ように見えるものも、実はすごい力を秘めている

◆「弱い力」でも、持続すれば信じられないことを成し遂げる

「雨だれ石を穿《うが》つ」ということわざがあります。

この言葉にある「雨だれ」とは、雨が降っている時、屋根や木の枝からポツリポツリと垂れてくる水の滴《しずく》のことです。

また、「石を穿つ」とは、「石に穴を開ける」という意味です。

雨水の滴が垂れる下に、大きな石があったとします。

その石の上に垂れる滴には、大きな力はありません。

しかし、何年もかけて、その石の同じ場所に滴が垂れ続けると、やがてその硬い石が浸食され、穴が開いていきます。

それと同じように、たとえ「弱い力しかない人間であっても、コツコツ努力を続け

て行けば、信じられないようなことを成し遂げられる」ということを、このことわざは指摘しています。

老子も同じような指摘をしています。

水は一見、弱々しい力しかないような存在に見えます。

個性もなく、また、これといった主体性もないように見えます。

何の役にも立たない存在であるようにも見えます。

しかし、実際には、「石に穴を開ける」ほどの大きな力を宿し、また、多くの生き物に恩恵を与えている存在でもある、と老子は説いています。

したがって、「私は力がない」「私には、個性や主体性がない」といったことで、自分自身の能力に不安を覚える必要はありません。

そのような人であっても、まさに「水」のように、すごい力を秘め、また、多くの人たちに恩恵を与える存在になれるのです。

ですから、たとえ弱いと思っても、自分に自信を持っていいのです。

第4章
「足りない」という意識を捨てる

「足りないもの」でなく、「今あるもの」に意識を向ける

◆「今あるもの」に目を向ければ、幸せになれる

自分の人生に「足りないもの」ばかりに意識を向けて、そんな自分自身の今後の人生に不安感を募《つの》らせている人もいるかもしれません。

たとえば、

「自分の夢を実現するためには、収入が足りない。このままでは、夢を実現できないまま終わるのではないかと不安だ」

といった具合です。

しかし、このように「自分に足りないもの」ばかりに気をとられていたら、永遠に「不安」という感情を消し去ることはできないのではないでしょうか。

いつまでも「不安」という感情につきまとわれ、気持ちは晴れることなく、がんば

って生きることへの意欲がどんどん減退していくばかりでしょう。

人が楽しく元気に生きていくためには、大切なコツがあります。

それは、**「足りないもの」に意識を向けるのではなく、「今あるもの」に注目する**、ということです。

「収入が足りない」と言っても、まったく収入がない、というわけではないと思います。

それなりの収入があるから、今、暮らせているのだと思います。

それなら、その「今の収入」の範囲内で、やりたいことをやり、人生を楽しむことを考えるようにするのです。

それができれば、幸せな気持ちになれます。

自然と、不安も消えていくでしょう。

お金が足りないのではなく、工夫が足りない

◆工夫があれば、お金が足りなくても楽しめる

日本の格言に、**「足りぬ足りぬは、工夫が足りぬ」**という言葉があります。

この格言を言い換えれば、「工夫さえすれば、どのようなことであれ『足りない』ということはない」という意味にも理解できるのではないでしょうか。

つまり、自分が満足できるかどうかは、自分自身の工夫次第なのです。

たとえば、一家の父親が、妻や子供たちを連れて、休日にどこかへ遊びに行こう、という話になったとします。

その際、使える小遣いが五千円しかなかったとします。そこで、「たった五千円では足りない。家族たちは、きっと楽しい休日を過ごせないだろう。家族たちは不満に思

うのではないか」と、不安に思う人もいるかもしれません。

しかし、使える小遣いが五千円しかなかったとしても、工夫次第で、家族で休日を楽しむ方法はあるかもしれません。

たとえば、その五千円で高級なケーキとお茶を買って、歩いて行ける緑地公園へ行き、家族たちと芝生の上で思いっきり遊びます。

そして、遊び疲れたら、芝生の上で買ってきたお菓子を食べます。

その日が、いい天気であれば、それだけでも十分に家族で休日を楽しめるでしょう。

必ずしも、お金が足りないから楽しめない、ということはありません。

したがって、お金が「足りぬ足りぬ」と不安に思うことはないのです。

ちょっとした工夫をしてみればいいのです。

逆の言い方をすれば、いくらお金があっても、この「工夫」をする気持ちがなければ、満足のいくまで楽しむということもできなくなるのではないでしょうか。

「お金が足りない」と不安に思う以前に、「工夫が足りないのではないか」と自分に問いかけることが大切です。

「足りないものを、他のもので代用する」という方法もある

◆「工夫ができる人」が、成功する

自動車やオートバイのメーカーとして有名なホンダの創業者は、本田宗一郎（20世紀）という人物です。

この本田宗一郎が、敗戦後の焼け野原の中で事業を始めた際に、次のようなエピソードがあります。

彼は静岡県の浜松で、町工場を始めました。

製造業として成功することが、彼の夢だったのです。

彼はまず、オートバイを作ることを思い立ちました。

当時、人々が仕事のために移動するにも、あるいは、女性が遠方へ買い出しに行くにも、機動性の高い乗り物が必要とされていました。

したがって、本田宗一郎は、「オートバイを作って売り出せば、人に役立つので大ヒットするだろう」と考えたのです。

これは、いいアイディアでした。

しかし、当時は物資不足の時代だったので、オートバイを作るための材料がありませんでした。

彼は、「こんな状態で本当に成功できるのだろうか」と、不安に思いました。

しかし、彼は「工夫ができる人」でした。

とにかく「今手に入るもの」を使ってオートバイを作ることを考えました。

そこで、車体には自転車を、ガソリンを入れるタンクには湯たんぽを、エンジンには軍需工場から払い下げてもらった無線機発電用のエンジンを代用しました。

そうして作ったオートバイが売れて、彼は成功への道を歩み始めました。

このようにして、**「足りない」ことへの不安を、「工夫する」ことで乗り越えていく**ことができるのです。

欲は不安を、満足は安心という感情を作り出す

◆「お金の世の中」だからこそ、「少欲知足」を心がける

現代は、いい意味でも、悪い意味でも、「お金の世の中」です。

お金がなければ何もできません。

場合によっては「食うに困る」ということにもなりかねません。

また、今十分にお金があって、何不自由のない生活を送っていても、収入がなければお金は減っていくものです。

収入がアップしても、支出の額の比率のほうが大きければ、貯蓄はいずれ底をつくことになるでしょう。

そういう意味で、このような「お金のこと」について常日頃から不安を募《つの》らせている人も少なくないと思います。

では、このような「お金の世の中」にあって、お金に関する不安を少しでも減らし、安心して暮らしていくにはどうすればいいかと言えば、その方法の一つとして**「少欲《しょうよく》知足《ちそく》」**を心がけることだと思います。

この「少欲知足」の語源は、仏教の教えにあります。

これには、**「できるだけ欲というものを少なくして、少ないもの、今あるものに満足することを知ることが大切だ」**という意味があります。

欲をできるだけ少なくすれば、欲を満たすために必要になるお金も少なくなります。少ないもの、今あるものに満足することを心がけることも、大切なお金の節約につながります。

その分、お金のことで不安に思うこともなくなっていくのではないでしょうか。

必要以上の欲は「不安」という感情を作り出します。

一方で、満足は「安心」という感情を生み出します。

お金を貯め込んだからといって、安心は得られない

◆少しのお金に満足し、得られたお金は有効に使う

「将来が不安だから、いざと言う時にお金が足りなくならないように、できるだけお金を貯め込んでおこう」と考える人がいるかもしれません。

しかし、お金を貯め込めば貯め込むほど安心できるかと言えば、必ずしもそうではないようです。

仏教の説話に、次のようなものがあります。

昔、ある商人がいました。

この商人は、「安心して暮らしていくためには、とにかくたくさんのお金が必要だ」と考えて、お金儲けに明け暮れました。

その結果、多額のお金を貯めましたが、決して安心はできませんでした。

「気を許して無駄遣いすれば、せっかくのお金はすぐになくなるだろう」と考えて、ケチケチした生活で出費を抑えながら、貯めたお金を家の中で保管していました。

しかし、それでも彼は安心できませんでした。

「もし家が火事になったら、せっかくのお金を失う」と、不安になってきたのです。

そこで、貯めたお金を蔵《くら》に移しましたが、やはり安心はできませんでした。

「ネズミにお金をかじられたら、どうしよう」と、不安になったのです。

そこで貯めたお金を土に埋めましたが、それでも彼は安心できませんでした。

今度は、「お金をモグラに食べられたら、どうしよう」と、不安になったのです。


この話からわかるように、お金をたくさん貯めたからといって安心は得られません。

やはり、少欲知足《しょうよくちそく》の精神で、**持っているお金に満足し、多く得られた多額のお金は下手に貯め込むのではなく、社会貢献に使ったり、楽しく暮らしていくために有効に使っていく**ほうがいいと思います。

それが結局は「安心」をもたらすのではないでしょうか。

他人と自分を比較するから、自分自身が不安に思えてくる

◆自分自身に感謝すれば、そこに安心感が生まれる

「足りない」という意識が「不安」という感情を作り出します。

では、「足りない」という意識は、どこから生まれてくるのかと言えば、それは往々にして「他人と自分を比較する」という意識から生まれてきます。

たとえば、会社の同僚に、とても有能な社員がいたとします。

すばらしい業績を上げて、会社の上層部からも期待されています。

そんな同僚と自分自身を見比べてみて、「私にはあの同僚が持っているような、ずば抜けた能力や才能が足りない」と思います。

そうすると、「能力や才能が足りない私は、この会社で存在感を発揮できないまま終わることになるのではないか」といった不安感が芽生えてくるのです。

このような不安から逃れるためには、とにかく**「無暗《むやみ》に他人と自分を比べない」**ということが大切です。

そして、自分自身の長所を見つけ出すように努力します。

どのような人であれ、その人ならではの長所があるはずです。

たとえば、

「能力は劣るかもしれないが、人一倍努力するタイプだ」

「才能はないが、社交がうまく人から好かれる」

といった「自分ならではの長所」が見つかると思います。

そして、**そんな長所が見つかったら、自分にその長所が備わっていたことに心から「ありがとう」と感謝します。**

いわば、自分自身に向かって感謝するのです。

すると、不思議に、自分が自分であることに満足感を得られるようになります。

その結果、不安という感情も消えていきます。

「足りないもの」があるからこそ、個性的に生きられる

◆スマートフォンを持っていないから、感性が磨かれる

次のような話があります。

スマートフォンを持っていない女子高校生がいました。

彼女は、親の教育方針で、スマートフォンを持たせてもらえなかったのです。

一方で、彼女の友人たちは、みんな、スマートフォンを持っていました。

彼女は、スマートフォンを持っている友人たちと、それを持っていない自分とを見比べてだんだん不安な気持ちになってきました。

「スマートフォンを持っていないことで、みんなからバカにされるのではないか」

「時代の流行に乗り遅れてしまうことになるのではないか」

「スマートフォンを持っていないことで、何か大きなチャンスを逃すことになるので

はないか」

といったことが不安になってきたのです。

実際には、スマートフォンを持っていないことで、友人たちからバカにされたり、流行に乗り遅れたり、チャンスを失うことはなかったのです。

しかし、自分には何か大切なものが足りていないような気がして、不安は一層増していくばかりでした。

そこで、彼女は考え方を変えることにしました。

「みんなが持っているものを、私は持っていない。しかし、そのことで、かえって個性的な人間に成長できるのではないか。

スマートフォンを持っていないことで、みんなにはない感性を磨くことができる。その個性的な感性を、将来生かすことができるかもしれない」

と、プラス思考で考えるようにしたのです。

その結果、不安が消えていったと言います。

「足りないこと」を、むしろみずからの誇りにする

◆金儲けの才覚がないからこそ、魂が清くなる

周りの人たちと見比べて、自分に何か「足りないもの」があったとしても、そこで発想を転換することで、不安を消し去ることができます。

むしろ、「足りないもの」がある自分自身に、満足感を持って生きていけるようになるのです。

明治、大正時代から昭和初期にかけて、教育者、思想家として活躍した人物に、新《に》渡《と》戸《べ》稲造《いなぞう》（19～20世紀）がいます。

彼は、当時の日本人に「武士道精神」を持って生きていくことの大切さを説きました。

そして、みずから書いた『武士道』という本の中で、

「武士道精神は損得勘定をとらない。
むしろ足らざることを誇りにする」

と述べました。

江戸時代、武士は、商人のように商売をしませんでした。

そのために、多くの武士は貧乏でした。

「金儲けをする」という才覚はなかったのです。

しかし、貧乏だからといって、また金儲けの才覚が足りないからといって、武士は自分のこれからの生活に不安を感じることはありませんでした。

むしろ、「貧乏だからこそ、清貧《せいひん》の生活を送れる。金儲けの才覚が足りないからこそ、魂が清くなる」と、そんな自分たちを誇りに思っていたのです。

つまり、「足りないもの」を、逆転の発想によって「誇り」に変えたのです。

それが「不安のない人生」につながっていたと思います。

恋人がいない、だからこそ「自由な時間」がある

◆逆転の発想で「足りないもの」を有効に活用する

税理士として活躍している女性がいます。

彼女は若い頃、恋人がいない時期がありました。

周りの女友だちはみんな恋人がいて、幸せそうでした。

そんな女友だちの様子を見て、

「私に彼氏ができないのは、女としての魅力が足りないからだろうか」

と、不安になることがありました。

しかし、そこで発想の転換をしました。

「私には魅力が足りないのかもしれない。だから彼氏ができないのかもしれない。しかし、その代わりに私には『十分にある』ものがある」と。

その「ある」ものというのは「時間」でした。

彼氏とデートしたり長電話をすることがないので、その分、自分が自由に使える時間があったのです。

その「自由にできる時間」を使って、彼女は税理士の資格を取る勉強を始めました。

そして、税理士の資格を取得し、今は税理士として活躍しているのです。


この事例のように、**自分に「足りないものがある」ということを不安に思ってばかりいるのではなく、そこから逆転の発想をすることで、自分の人生を大きく飛躍させる**こともできます。

「足りないもの」が、自分の人生にマイナスに働くのではなく、むしろプラスに働くように生かすことも可能なのです。

そのことを知っていれば、自分の人生を不安に思うことなど、まったくないのではないでしょうか。

足りないものがあるからこそ、成功のチャンスをつかめる

◆学歴が低いからこそ、人の話をよく聞いて勉強できる

アメリカの第35代大統領は、ジョン・F・ケネディ（20世紀）です。

彼は、アメリカの大統領選挙に挑戦する際に、三つのハンディキャップがありました。それは次のことでした。

・アングロサクソンではなかった
・カトリックではなかった
・州知事の経験がなかった

この三点は、ケネディが大統領になるためには、いわば「足りないもの」と見なされていたのです。

それまでアメリカの大統領は、伝統的にアングロサクソン系の人種で、宗教はカト

リックでした。

ところが、ケネディは、アイルランド系の出身でした。

しかも、プロテスタントでした。

当時のアメリカでは、アイルランド系のプロテスタントは、あまり尊敬されていませんでした。

また、アメリカの大統領には、州知事を経験した人が多かったのですが、ケネディには州知事の経験もありませんでした。

そのような三つのハンディキャップがあったために、ケネディ自身、「私は本当に大統領になれるだろうか」という不安にかられることもあったと思います。

しかし、彼は、「ハンディキャップがあるからこそ、それを乗り越えて、新しい歴史を作る」という情熱を燃やすことができたのです。

「足りないから、成功できない」のではなく、「足りないから、成功のチャンスをつかめる」と考えれば、不安を乗り切っていけます。

第5章
不安があるから、「今」を大切にする

寿命への不安が、今を生きる大切さを教えてくれる

◆人間の最大の不安は「寿命への不安」である

ドイツの哲学者に、ハイデガー（19〜20世紀）がいます。

ハイデガーは、**「人間の不安の中で、もっとも大きなものは、『寿命への不安』である」**と考えました。

それは、たとえば、

「孤独死することになるのではないか」

「安らかに亡くなることができるだろうか」

「自分が亡くなった後、家族はどうなるのか」

「亡くなった後、自分はどこへ行くのか」

といった不安です。

しかし、人間はそのような「寿命が訪れることへの不安」があるからといって、決して悲観的になることはない、とハイデガーは考えました。

その理由は、**「人間は、寿命が訪れることを不安に思うからこそ、『今』を大切にしよう、という思いが一層強まる**からだ」と、彼は説いたのです。

人間には、いつかは寿命が訪れます。

寿命というものは、人間の避けられない運命です。

そのことを理解し、覚悟を決めることで、「今という時間を、寿命が訪れる時になって後悔しないよう、充実したものにしよう」という意欲が一層高まっていくのです。

そういう意味から言えば、「死ぬことを不安に思う」ということは決して悪いことではありません。

むしろ「寿命」というものをしっかり見つめて生きていくほうが、人生を充実したものにするためのコツになるのではないでしょうか。

命には限りがある、だからこそ今日を大切に生きる

◆「明日も命があるとは限らない」と自覚する

仏教の創始者であるブッダは、

「明日、自分の命があると、誰が断言できるだろう。命には限りがあるということをよく理解して、今日できることに一生懸命になって励むことが大切だ」

と述べました。

確かに、人間の命には限りがあります。

誰でも、いつかは寿命が来るのです。

しかも、その寿命は明日、突然訪れるかもしれません。

今日は元気に暮らしていても、明日急な病気に見舞われたり、あるいは、事故や災

害に遭《あ》って命を失うことになるかもしれないのです。

こんな話をすると、不安に感じる人もいるかもしれません。

しかし、そのようにして「命には限りがある」ということをしっかりと自覚することで、「今日できることを精一杯がんばろう」「今日という日を充実したものにしよう」という意欲を高めていくことが大切だ、とブッダは説いたのです。

言い換えれば、「明日は寿命かもしれない」という不安を持つことがきっかけとなって、「だからこそ、今日という日を思い残すことなく充実したものにしよう」という意欲がさらに高まっていく、ということなのです。

そういう意味で言えば、ブッダは、「明日、寿命が来るかもしれない」という不安を持つことを、必ずしも否定的には考えていなかったように思います。

要は、その不安を、「今日を大切に生きる」という肯定的な意味にとらえ直す、ということが重要なのです。

「締め切り」が迫ると、かえって集中力が高まっていく

◆明日を「人生の締め切り」と考えて生きてみる

心理学に、「デッドライン効果」という言葉があります。

「デッドライン」とは、いわゆる「締め切り」のことです。

たとえば、仕事の締め切りが明日に迫っているとします。

それにも関わらず、やらなければならないことは、まだ、たくさん残っています。

そのような状況に立たされた時、人は、ともすると、

「時間がない。どうしよう。このままでは締め切りに間に合わない」

といった不安感にさらされます。

しかし、ある意味、そのような不安感にさらされるからこそ、

「何がなんでも、明日までに間に合わせるためにがんばろう」

と、強い集中力を発揮することも可能になります。

締め切りが間近に迫ると、人間にはかえって強い集中力を発揮できることがあるのです。

そのような心理傾向を、心理学では「デッドライン効果」と呼んでいます。

「明日まで命があるとは限らない」
「明日は、どうなるかわからない」

という不安を持つことで、かえって、「今日を大切に生きよう。今日という日を充実したものにしよう」という意欲が高まっていくのも、心理学でいう、この「デッドライン効果」だと言っていいでしょう。

ちなみに「デッドライン」の「デッド」には「死」という意味があります。

つまり、「デッドライン」とは、「死と生の境目が、すぐ間近に迫っている」ということでもあるのです。

病気への不安があるからこそ、人は健康を気遣う

◆病気への不安から「今の生き方」を真剣に考える

ドイツの哲学者であるハイデガーの言葉に、**「ダーザイン**（Dasein）**」**というものがあります。

この言葉には、**「あなたは、今ここにいる」**という意味があります。

この言葉によって、ハイデガーが何を訴えたかったのかと言えば、それは「今を大切にして生きていくことが重要だ」ということだったと思います。

そして「今を大切にして生きていこうと考えるようになるには、実は、不安という感情を持つことが重要な意味を持つ」と、ハイデガーは考えたのです。

たとえば、「将来、重い病気にかかるのではないかと不安だ」と言う人がいます。

命が危ぶまれるような重い病気です。

そのような不安は、確かに心を重たくします。

しかし、一方で、そのような不安があるからこそ、「今を大切にしよう。健康のために、今できることをしよう」という意欲も高まります。たとえば、

「健康のために、今日は運動をしよう」

「ちょっと疲れているから、今は健康のために休もう」

「一日一日、健康にいい食べ物を食べよう」

といったように健康を気遣いながら、今という時間を過ごすようになるのです。

その結果、大きな病気にもかからずに、元気に長生きする人もいるのではないでしょうか。

大切なのは、**不安を感じた時に、それをどのようにして幸福な人生に結びつけていくかを考え、工夫することを実践していく**ことです。

不安という感情を上手に生かしていけば、それは安心につながります。

「一病息災」で、元気に長生きする

◆病気になったのをきっかけに、生き方を変えてみる

「一病息災《いちびょうそくさい》」という言葉があります。

この言葉は、**「一つぐらい病気があったほうが、健康的に元気に暮らしていける」**という意味です。

この言葉にある「息災《そくさい》」の「息《そく》」には、「防ぐ」という意味があります。したがって、「息災」とは、「災《わざわ》いを防ぐ」という意味です。

つまり、「健康的に元気に暮らしていける」ということです。

たとえば、何か持病があるということは、もちろん、その本人にとっては喜ばしいことではないでしょう。「この病気が今後、悪化したらどうしよう」といった不安を覚える時もあると思います。

しかし、そのような不安があるからこそ、日頃から健康に留意して暮らすようになります。ですから、一つくらい病気があるほうが、かえって「息災」つまり健康的に暮らしていけるのです。

それが「一病息災」という言葉の意味です。

一方、何一つ病気がない人は、ともすれば自分の健康を過信して無茶な生活をし、その結果、取り返しのつかない病気になるケースがあります。

次のような話があります。

ある男性は、六十歳になった時に、重い病気の宣告を受けました。

その際に、「今後、私はいつまで生きていられるのだろうか」と不安な気持ちになったと言います。

しかし、そこで彼は、「これまでは無茶な生き方をしてきたが、これからは自分の体を大いに大切にして、残された人生を一日一日楽しく生きていけるよう心がけよう」と、考え方を変えました。

そんな彼は、九十歳を過ぎた今でも元気に暮らしています。

「健康への不安」も、元気に長生きするコツの一つになります。

老いの不安を実感すると、健康への意識が高まる

◆健康と元気のために「今日できること」を考えてみる

「老いていく」ということに、不安を感じる人もいます。

五十代、六十代と年齢を重ねるにつれて、どんなに健康な人であっても、体のところどころに衰えが生じてきます。

足腰が衰え、目が見えにくくなってきます。

ちょっとしたはずみに、腰や膝《ひざ》を痛めることも多くなります。

そのような「老いの証し」を経験していくうちに、「今後、いつまで私は元気に暮らしていけるだろうか」といった不安を抱《いだ》くようになる人もいます。

しかし、そのような**「老いへの不安」から、発想の転換をして、「一日一日の生活を大切にしていこう」と考える**人もいます。

次のような事例があります。

ある女性は、これまで、これといった老いを実感することはありませんでした。

しかし、五十歳を過ぎたころから、老いによる体力の衰えを感じるようになりました。

そのために、彼女は、「この先、私は、いったい何年、元気に暮らしていけるのだろうか」と、不安を感じるようになったのです。

そこで、「運動する習慣を持って、七十代になっても、八十代になっても元気で暮らしていこう」と考えました。

そして、「一日一万歩《ぽ》歩く」という目標を立て、それを日々実践するようにしたのです。

そのようにして、健康と元気のために、一日一日を、今という時間を有意義に使うように心がけるようにしたのです。

現在、彼女は「年齢を重ねるに従って、むしろ以前よりも元気になっていくように感じる」と言っています。

「ガタが出てきたドア」だからこそ、長持ちする

◆老いを感じたその瞬間から、健康に良いことを始める

西洋のことわざに、**「軋《きし》むドアは、長持ちする」**というものがあります。

ドアというものは、長い年月が経つにつれて、ところどころにガタが出てきます。

そのために開け閉めの時にギーギーと嫌な音を立てるようになることもあります。

ドアがきっちりと閉まらない、ということも出てくるかもしれません。

しかし、人は、そのようにドアにガタが出てきたからこそ、そのドアをいつもていねいに、やさしく扱うようになります。

ドアを乱暴に開け閉めするのではなく、そっと慎重に開け閉めするようになるのです。

ですから、結果的に、そのドアは「長持ちする」のです。

もちろん、このことわざの意味は、そこで終わるのではありません。

このことわざにある「軋むドア」とは、実は、「人間の体」の例えなのです。

人間の体も、長い年月が経過するにつれて、だんだんと衰えが出てきます。

体のところどころが痛くなり、人によっては、思うように体を動かせなくなることもあるでしょう。そのため、「私の体は、いつまで持つだろうか。今後大丈夫だろうか」と、不安に思ったりするようにもなりかねません。

しかし、一方で、そんな不安を感じるからこそ、「今からは自分の体をやさしく労《いたわ》っていこう。一日一日を、健康に留意しながら暮らしていきたいものだ」という意識を持つようになると思います。

その結果、そういう人の体は「長持ち」します。

何歳になっても、健康で元気でいられるようになるのです。

愛する人との死別に不安を感じる場合には？

◆死別の不安があるからこそ、愛する人との「今」が大切になる

人間が感じる大きな不安の一つに、「愛する人との死別」があります。

たとえば、夫婦間でも、時には「もし夫が（妻が）、私よりも先に亡くなったら、残された私はいったいどうすればいいんだろう」と不安を感じることもあるのではないでしょうか。

そんな不安を感じることを「縁起でもない」と思う人もいるかもしれません。

しかし、愛する人との死別に不安を感じるということは、必ずしも悪いことではありません。

そんな**不安を感じることをきっかけにして、「愛する人と共に過ごす、この『今』という時間を大切にしていこう」という意識が芽生える**からです。

こんな話があります。

ある女性の夫は、大型トラックのドライバーをしています。

その仕事は、危険が伴います。

交通事故に巻き込まれて、大ケガをする場合もあるでしょう。

事故で死んでしまう可能性もあります。

そのために彼女は、「もし夫が事故で死んだら、私はどうすればいいんだ」と、不安でしょうがなかったと言います。

しかし、一方で、「だからこそ、夫と一緒に過ごす『今』という時間を大切にしたい」という気持ちが一層強まりました。

それからは、一緒にいる時は、夫にやさしくしたり、心を込めた料理を振る舞うようになったのです。

その結果、以前と比べて、夫婦の仲がとても良くなった、と言います。

「別れの不安」があるから、一緒にいる「今」を大切にできる

◆不安という感情を、良い意味に転換していく

ドイツの哲学者であるハイデガーは、若い頃に戦争に行った経験がありました。

当時、ヨーロッパでは、第一世界大戦のまっただ中にあったのです。

ドイツは、もっとも激しい戦場になりました。

その戦争で、ハイデガー自身は命を落とすことはなかったものの、友人の多くが亡くなりました。

友人たちとの死別は、ハイデガーに強い衝撃を与えました。

その後、戦争が終わって以前の生活に戻ってからも、彼は親しい人たちや、愛する人たちと「また、どんなことで死別することになるかわからない」という不安に苦しめられるようになったのです。

しかし、ハイデガーは、そこで意識の持ち方を変えました。

「いつ死別することがわからないからこそ、親しい人や愛する人と共に過ごす『今、この時』という時間を大切にしよう」と考えることにしたのです。

意識を「今」へと切り替えたのです。

そうすることによって、「人との死別」という不安を乗り越えていったのです。

人は、誰かと親しくなればなるほど、誰かを愛すれば愛するほど、「もし、あの人が突然、私の前からいなくなったらどうしよう」という不安にかられるようになるものです。

しかし、その不安をあまり否定的に考えるのではなく、そういう不安を感じることを一つのきっかけとして、身近な人と過ごす「今」という時間を大切にしていこうという気持ちが増進するのであれば、それは有意義なことではないかと思います。

そう考えることができれば、不安をプラスに転換することは可能なのです。

人生は「諸行無常」であると覚悟を決める

◆覚悟を決めれば、「大切な今」が見えてくる

仏教に、**「諸行無常《しょぎょうむじょう》」**という言葉があります。

この言葉にある「諸行《しょぎょう》」は、「この世で起こるすべての出来事」という意味です。

そして「無常」は、「絶えず変化し、永遠に持続するものはない」という意味です。

つまり、この言葉は、**「この世で起こるすべての出来事は、絶えず変化し、永遠に持続するものはない」**と指摘しているのです。

たとえば、「愛する人との出会い」も、そうです。

愛する人と出会います。その人と恋人同士になったり、あるいは、結婚したりします。

誰もが、その愛する人との関係が永遠のものであってほしいと願います。

しかし、愛する人との関係も人間の「諸行」の一つであり、「無常」なのです。

つまり、「永遠に持続するものではない」ということです。

やがて、別れる時がやって来ます。

いくら愛し合っている関係であっても、「別れる」という時が必ずやって来るのです。

あらゆる人間関係でも、あらかじめ、そのことを覚悟しておくことが大切です。

覚悟とは、ある意味、「諸行無常」という人間の運命を受け入れる、ということです。

覚悟し、受け入れることで、愛する人と話をし、一緒に遊び、共に旅をして、協力して人生を築き上げていく「今」という時間を大切にしよう、という意識がより強くなるのです。

言い換えれば、「諸行無常」という運命を覚悟し、受け入れることができないと、いつも不安ばかりに心をとらわれて、「今、大切なこと」に意識が向かないのです。

不安を感じたら「今やるべきことは何か」について考えてみる

◆「今やること」の答えが見つかったら、それを実践する

将来を不安に思うことがあると思います。

「明日、事故に遭《あ》ったらどうしよう」

「病気になったら、どうしよう」

「老後のことが不安だ」

「愛する人と死別することになったら、どうすればいいんだ」

といった不安です。

このような不安を感じた時に大切なのは、

「ならば、今やるべきことは何か」

ということを考えることです。

してはいけないのは、「不安だ、どうしよう」という考えに、いつまでも留《とど》まっているることです。

不安という感情に留まっていると、気持ちは落ち込んでいくばかりです。

しかし、そこで、「そうならば、私が今やるべきことは何なのか」ということを考えることで、上手に気持ちが切り替わります。

それを考えることで、

「とにかく、今日という日を思いきって楽しもう」

「今、私の目の前にいる人と『今』という時間を楽しもう」

という「答え」が見つかります。

そのような「答え」が見つかると、いつの間にか「不安」という感情は消え去っていきます。

不安に思う → 今やるべきことを考える → 答えが見つかったらそれを実践する、ということを繰り返すのが、不安を消すコツになるのです。

第6章
心を安らげる方法を知っておく

「考えてはいけない」と思うと、一層考えてしまう心理がある

◆「考えない」より「自然に忘れる」ほうがいい

「心から不安を消し去ろう」と意識し過ぎると、かえってその不安が強まっていく、ということがあります。

次のような話があります。

ある企業経営者がいました。

残念なことですが、その人が経営する会社はうまくいっていませんでした。

業績が下がる一方だったのです。

その社長は、「このままでは年末までに会社が倒産する。どうすればいいのか」という不安が心から離れることがありませんでした。

とはいえ、どうにか年末は乗り切って、正月になりました。

しかし、それは一時的に乗り切っただけで、会社の経営はまだ苦しい状態が続いていました。

その社長の心はいまだに不安で一杯でした。

しかし、正月早々から「倒産するかもしれない」などと縁起でもないことを考えたら本当に悪い事態になるかもしれないと、その社長は、意識して不安に思っていることを考えないようにしました。

ところが、「不安に思うことを考えてはいけない」と意識するほど、一層不安な気持ちになっていった、と言います。

実は、人間には誰でも、このような心理傾向があります。

「不安に思ってはいけない」と意識すると、一層不安な気持ちになるのです。

そうならないためには、**「自然に忘れる」という工夫をする**ことが大切です。

「適度な運動」によって、不安から自然に逃れられる

◆「考えない」と意識するより、体を動かすのがいい

心理学に、「とらわれ」という言葉があります。

この「とらわれ」とは、「心がある感情に捕らわれる」ということです。

たとえば、不安に思うことがあったとします。

そのままでは気分が滅入っていくばかりなので、不安に思うことを考えないようにしようと意識します。

しかし、「考えてはいけない」と意識すればするほど、その不安に思うことが強く意識されるようになってしまいます。

その不安から逃れようとすればするほど、その不安からかえって追いかけられて、逃れられなくなるのです。

このような心理傾向を指して「とらわれ」と言います。

そういう意味で言えば、不安に思うことについて「考えてはいけない」と意識しすぎるよりも、むしろ、心を休めて「自然に忘れる」ように工夫することが大事です。


では、どのようにすれば自然に忘れることができるのかと言えば、その方法の一つに**「適度な運動」**があります。


たとえば、スポーツクラブに通っている人であれば、そのクラブで行われている様々なエアロビックやダンスのクラスに参加してもいいでしょう。

音楽に合わせて無我夢中になって体を動かしているうちに、自然に「不安に思うこと」を忘れ去っていくことができます。

もちろん、水泳やヨガでもいいのです。

郊外でのウォーキング、スポーツやジョギングといったことでもいいでしょう。

気持ちよく体を動かしているうちに、自然に不安を忘れることができます。

不安な気持ちになって来た時には、適度な運動をする

◆体を動かすと、不安を乗り越える自信が湧いてくる

「適度な運動」は、もちろん体の健康のために良いのですが、実は、その人の精神面にも良い影響をもたらすことが知られています。

たとえば、散歩や体操などで体を動かすと、脳内においてセロトニンというホルモン物質が盛んに分泌されます。

このセロトニンは、別名「快楽物質」とも呼ばれ、このホルモン物質の分泌が盛んになると、「気分が爽快《そうかい》になる」という効果があります。

したがって、何か不安に思うようなことがある時には、積極的に体を動かすのが良いと思います。

気分が爽快になることで、不安に思うことを自然に忘れていくことができます。

その他にも、適度な運動には、次のような心理効果を期待することができます。

・気持が前向きになる。
・自尊心が高まる。
・知性が活性化する。

気持ちが前向きになり、自尊心が高まることで、不安に思っていることに対して「どうにかできるはずだ。私には、この状況を乗り切っていけるだけの能力がある」と、自信を持って考えられるようになります。

また、知性が活性化することで、実際に、不安に思っていることを解決するための具体的なアイディアを思いつくこともあります。

したがって、**不安がある時には、頭を抱えて「どうすればいいんだ」と悩んでいるのではなく、「気分転換に体を動かそう」と考える**ほうが良いと思います。

趣味を楽しむことで、自然に不安を忘れていく

◆不安になったら、趣味を楽しむ

楽しい趣味を持っている人は、うつ病になる人が少ないと言われています。

不安に思うことがあっても、趣味を楽しむことで、今不安に思うことを自然に忘れられるからです。

それが、いい気分転換になるのです。

その結果、精神的な症状がうつ病になるまでエスカレートしていくのを避けられます。

そういう意味では、日頃、不安に思うことが多いという人は、**何か自分なりに楽しめる趣味を持っておく**のがいいと思います。

ある男性は、山登りが趣味です。

仕事や、あるいは私生活で不安に思うことがあると、山登りに出かけます。

山登りの途中、鳥の声を聞いたり、澄んだ空気を吸うと、気分が爽快になっていきます。

美しい景色を眺めていると、不安に思うことなど、いつの間にか、自然に忘れ去っていきます。

そして、山頂に到着すると、その達成感から、「私なら、どんなことでも乗り越えられるはずだ」と、自分自身への自信が湧いてくるのです。

そうした達成感、自分への自信といったものが、不安に思うことを克服するのに役立ちます。

このケースでは、山登りが「いい運動になっている」という点でも、不安を消し去ることに利点があります。

そういう意味では、何でもいいので「体を動かす趣味」を持ってもいいかもしれません。

「日光」と「色」とが、人の心に良い影響をもたらす

◆日光浴しながら、自然の色を楽しんでみる

ある女性は、ガーデニングが趣味です。

心に何か不安に思うことがある時には、庭へ出てガーデニングを楽しむと言います。丹精《たんせい》込めて植物の世話をしていると、不安に思っていることを自然に忘れられるのです。

このガーデニングには、二つの利点があると思います。

一つは、「日光浴」です。

外に出てガーデニングをしている際には、日の光を浴びます。

この日の光を浴びるということが、精神面に良い影響を与えてくれます。

日光を浴びると、脳の中で、快楽ホルモン物質であるセロトニンの分泌が盛んになることが知られています。

セロトニンは、適度な運動をすることでも分泌が盛んになりますが、太陽の気持ちのいい陽光を浴びることでも、その分泌が盛んになります。

その結果、気持ちが明るく前向きになっていきます。

不安に思うことがあっても、「まあ、どうにかなるだろう」と、楽天的に考えられるようになります。

また、ガーデニングをしている際に目にする「色」も、人の精神面に様々な良い影響を与えます。

たとえば、植物の葉の「緑色」は、人の心に安心感をもたらします。

「赤色」の花は、その人の心に元気を与えます。

心理療法では「カラーセラピー」と言いますが、目にする「色」が、その人の心を癒したり、あるいは、元気づけたりするのです。

このように、「色」も、不安を自然に忘れていくことに役立ちます。

「感動する」ことで、不安から逃れることができる

◆感動すると、「どうにかできる」と勇気が湧いてくる

「感動することを体験する」ということが、心を癒したり、また、心に元気を与えます。

そういう意味では、**何か不安に思うことがある時には、「感動できるもの」を体験してみてもいい**でしょう。

映画鑑賞を趣味にしている女性がいます。

彼女は、不安に思うことがある時には、感動できる映画を見るようにしています。

登場人物に感情移入をして、映画を見ることに没頭し、そして、ラストシーンでは思いっきり感動して涙を流します。

映画に夢中になっている間は、不安に思っていることを自然に忘れられます。

また、大いに感動して映画を見終わった後には、「がんばって乗り切っていこう」という意欲や勇気も出てくる、と彼女は言います。

これなどは、「感動することの心理効果」と言っていいでしょう。

読書が趣味だという人は、「感動する本」を読むというのも良いと思います。

音楽が好きな人は、「好きな歌手の感動的なコンサート」に出かけてみるのもいいでしょう。

演劇鑑賞が好きな人は、「感動的な舞台」のチケットを入手して観に行くのがいいと思います。

幸い、現代は、「感動的なエンターテイメント作品」が数多く提供されています。

ですから、不安に思う時は、そんな「感動的なエンターテイメント作品」を手軽に利用すれば良いと思います。

勉強し成長することで、不安を忘れられる

◆勉強することで、自分の努力に自信がついていく

社会人にとっては「勉強する」ということが、意外と、いい気分転換になる場合があります。

また、不安に思うことを自然に忘れ去っていくことにも役立ちます。

ある男性は、仕事で思うような実績を上げることができず、「私は、この会社でやっていけるんだろうか」と、不安になることが多かったと言います。

そんな時に始めたのは、「英会話の勉強」でした。

ちなみに、彼の仕事では、英会話を使う機会はありませんでしたので、趣味で、英

会話の勉強を始めたのです。

彼は、毎日、仕事を終えて帰宅してからテレビ番組を利用して英会話の勉強を少しずつ始めたのです。

それが、いい気分転換になりました。

また、少しずつではあっても英語の知識、英会話の技能が上達していくに従って、「私は、やればできるんだ」と、自分に自信を持てるようになりました。

会社の仕事においても、「今は思うように実績は出ないが、努力を続けていけば、どうにかなるんじゃないか」と、気持ちを切り替えられるようになりました。

また、勉強している英会話を、「今後、会社での仕事に役立てるチャンスもあるかもしれない」と、夢を持てるようになりました。

その結果、不安に思っていたことも、自然に心の中から消えていった、と言います。

この事例の男性のように、社会人にとって、**自己啓発のために「勉強する」**ということは、良い影響を与えてくれる場合があります。

若々しい夢と情熱で、不安を乗り越えていく

◆勉強を続ける人は、いつまでも若々しい

個性的な詩を作り、また、自分の作った詩を個性的な文字で書《しょ》にした人物に、相田みつを（20世紀）がいます。

この相田みつをの言葉に、

「一生勉強　一生青春」

というものがあります。

この言葉は、「自分を高めるための勉強を続けていく人は、若々しい夢と情熱を一生を通して持ち続けることができる」という意味を表していると思います。

生きていく過程で自分の人生について不安になる時もあると思いますが、勉強することで養った、その「若々しい夢と情熱」で不安を消し去っていくことも可能なので

す。

つまり、「勉強」が、「不安を自然に消していく」ということに有効であるということです。

ところで、相田みつをは「相田みつを」という名前とは別に、「貧不安《ドンファン》」という名前でも詩を作り、書を書いていました。

彼が有名になったのは六十歳になってからのことで、それまでは無名の詩人であり、書家でした。

そのために家計は貧しく、収入が少ないことに不安を覚えることもありました。

そんな自分の境遇から「貧しさを不安に思う」、つまり「貧不安」と名乗ることもあったのです。

しかし、「一生勉強」ということを忘れないで努力を続けた結果、若々しい夢と情熱でその不安を乗り越えていけたのだと思います。

「ある特定の状態」で起こる不安には、どう対処すればいいのか？

◆キーワードは「ロールプレイング」「深呼吸」「場数」

心理学に、「状態不安」という言葉があります。

この言葉には、「ある特定の状態、状況において起こる不安感」という意味があります。

たとえば、人前で話をするのが苦手だ、という人がいます。

このタイプの人は、たとえば、

「スピーチの場」

「会議での発言」

「パーティの司会」

「面接試験」

といった「特定の状態、状況」に立たされると、強い不安感に襲われることがあります。

このような不安に対処する方法として、次の三つのことが挙げられます。

・ロールプレイングをする
・その場で、深呼吸する
・場数を踏む

「ロールプレイング」とは、事前に、その場に立ったつもりになって予行演習を行うことです。

事前演習を十分に行うことで自信が生まれ、不安が自然に消えていきます。

また、当日、本番の場では、深呼吸をすると不安が和らぎます。

そして、何回も同じ経験をすることも大切です。

その「特定の状態、状況」をたくさん経験するうちに、だんだんと慣れてきて、やがて不安を感じずにその場に臨《のぞ》めるようになります。

自宅での「安らぎの時間」を大切にしていく

◆自宅では、仕事のことは考えない

「職場にいる時に、強い不安によく襲われる」という人がいます。

このようなタイプの人は、「職場」が、心理学で言う状態不安の「特定の状態、状況」になっているのでしょう。

このタイプの人が、なぜ職場にいると不安になるのかと言えば、それには次のような理由があると思います。

「上司に叱られるのが怖い」

「周りの同僚に、どう見られているか気になる」

「取引先からの評価が気になる」

「責任感に押しつぶされそうになっている」

「目標に追われて四苦八苦している」

このようなことがストレスになって、不安という感情を作り出しているのです。

会社で多くの人たちに囲まれながら仕事をしている人は、多かれ少なかれ普段から感じている不安かもしれません。

この不安感から逃れるためには、「職場に行かない」というのがもっとも良い方法なのですが、もちろん、それは不可能です。

生活のため、夢を叶えるため、自己実現のため、不安があっても職場へ行って仕事をしなければならないからです。

では、どうすればいいかと言えば、**自宅にいる時、心を癒し安らげる習慣を十分に持つ**ことです。

そのためには、家族で寛《くつろ》ぐ時間を持ったり、自宅で楽しめる趣味を持つように心がけることが大切です。

自宅での安らぎの時間を十分に持つことで、職場での不安も和らぎます。

「楽しいおしゃべり」が、不安な心を癒す

◆身近な人とおしゃべりする時間を作る

家族や親しい人との気のおけないおしゃべりは、不安を解消する上ではとても効果的な方法になります。

楽しくおしゃべりをするうちに、自然に不安に思っていたことを忘れ去っていくことができるからです。

したがって、**何か不安を感じる時には、家族や親しい人と楽しくおしゃべりする機会を増やす**のがいいでしょう。

次のような調査があります。

ある病院で、入院している患者さんと看護師さんが、少しの間楽しくおしゃべりす

る時間を持つようにしました。
すると、患者さんの不安がかなり軽減される効果があった、というのです。
入院患者さんは、重い病気を抱えていますので、内心では大きな不安を持っていま
す。
「この病気が悪くなったら、どうしよう」
「治療がうまくいかなかったら困る」
といった不安感です。
一般の健康な人よりも、内心の不安は大きいといっていいでしょう。
そんな患者さんの不安は、日頃接している看護師さんとの気軽で楽しいおしゃべり
で和らぐことが多い、というのです。
「楽しいおしゃべり」というものが、不安を感じている人の心を癒し、安らげる効果
がいかに大きいかを示していると思います。
時々、親しい人と楽しくおしゃべりする時間を持つのがいいと思います。

第7章
「失敗したくない」という意識を捨てる

#「失敗したくない」という思いが、不安を生み出す

◆大きな仕事であっても、普段と変わらない気持ちで臨む

アメリカで、牧師として、また、著述家として活躍した人物に、ジョセフ・マーフィ（19～20世紀）がいます。

このジョセフ・マーフィは、

「『失敗したくない』という思いが、『失敗するのではないか』という不安を招く。そして、実際に、失敗することになる（意訳）」

と述べました。

たとえば、こんな話があります。

ある女性イラストレーターがいました。

彼女は、ある大手の出版社から重要な仕事を任されました。

彼女は、「重要な仕事なのだから絶対に失敗はできない。今後の自分の成功のためにも、絶対に失敗したくない」と思いました。

しかし、「失敗したくない」と強く思えば思うほど、「今度の仕事で、もし失敗してしまったらどうしよう」という不安が大きくなっていきました。

そして、その不安が強い精神的ストレスになって、彼女が持っていた才能や技能を十分に発揮できなかった、と言うのです。

大きな仕事を任された時は、「このチャンスをものにしたい。絶対に失敗したくない」と、誰もが思うでしょう。

しかし、その「失敗したくない」という思いが、かえって精神的ストレスとなって成功を妨げるような不安を生み出すことになりがちなのです。

そういう意味では、たとえ大きな仕事であっても、普段通りの平常心を保ちながら臨むほうが賢明だと思います。

「失敗したくない」と「失敗したらどうしよう」は表裏一体である

◆平常心を保つ意識の持ち方をするのがいい

精神科医として活躍した人物に、森田正馬《もりたまさたけ》（19～20世紀）がいます。今で言う心理セラピーである「森田療法」を開発した精神科医としてよく知られています。

森田正馬は、

「恐怖と強い望みとは表裏一体である（意訳）**」**と述べました。

この言葉は色々な意味に解釈できると思います。

たとえば、次のようにも解釈できるのではないでしょうか。

この言葉にある「恐怖」とは、言い換えれば、「失敗することになるのではないか」という不安感です。

そして、「強い望み」とは、「失敗したくない」という強い思いです。

この「失敗したくない」という思いと、「失敗したら、どうしよう」という不安とは、「表裏一体である」というのです。

つまり、「失敗したくない」と強く思うから、「失敗したら、どうしよう」という不安も増していくのです。

ならば、その不安を和らげるためにはどうすればいいかと言えば、それは「失敗したくない」という強い思いを抑えるということなのです。

つまり、「自分ができることを一生懸命にやれば、それで十分だ。それで、うまくいかなくても、それはそれで構わない」といったように、いい意味で開き直ります。

「人事を尽くして天命を待つ」のです。

そうすれば、「失敗したら、どうしよう」という不安も和らぎます。

普段と変わらない平常心で物事に臨むことができます。

したがって、自分の実力を十分に発揮するには、まずは平常心を保つことが大切になるのです。

「失敗することは、勉強することである」と、前向きに考える

◆不安は「悪いイメージ」から生まれやすい

「失敗したくない」と考える人がいます。

そのために「失敗したら、どうしよう」という不安にかられるのです。

このような心理傾向にはまってしまいやすい人は、恐らく、「失敗する」ということに対して否定的なイメージを持っているのでしょう。

「失敗することは、悪いことだ」

「失敗することは、恥ずかしいことだ」

「失敗することは、誤ったことをしたということだ」

といった悪いイメージです。

失敗することに悪いイメージがあるからこそ「失敗したくない」と思い、そして「失

敗したら、どうしよう」という不安にとらわれます。

このようなケースでは、「失敗する」ということに対するイメージを変えるほうがいいと思います。

そのほうが人生を前向きに積極的に生きていけます。

アメリカで発明家として成功した人物に、トーマス・エジソン（19～20世紀）がいます。彼は、

「失敗することを誤りだと思ってはいけない。勉強したと思えばいい（意訳）**」**と述べました。

この言葉からわかるように、エジソンは反省はしても、「失敗する」ということに対して決して悪いイメージは持っていませんでした。

むしろ、良いイメージを持っていました。

このエジソンのように「失敗するとは、勉強することである」と、良いイメージを持つことができれば、失敗を不安に思うことはないと思います。

人は失敗を積み重ねながら成長していく

◆失敗から学び、学んだことによって成長する

プロ野球選手として、また、監督として活躍した人物に、野村克也（20〜21世紀）がいます。

彼の言葉に、

「『失敗』と書いて、『成長』と読む」

というものがあります。

彼は、「失敗する」ということに、まったく悪いイメージを持っていませんでした。

むしろ、「失敗することによって、その人は成長していく」と考えていたのです。

確かに、人は、失敗から多くのことを学ぶことができます。

そして、その学んだことを、自分の成長に結びつけていくことができます。

彼自身、たくさんの失敗をし、そこからたくさんのことを学び、選手として、監督として、大きく成長していったのでしょう。

そして、このように「失敗する」ということに対して肯定的な意味を見い出している人は、「失敗したら恥をかくことになる」「失敗したら叱られる」といった不安感に悩まされることもないでしょう。

むしろ失敗を恐れることなく、みずから積極的に難しいことにチャレンジしていく生き方を実践するのではないでしょうか。

「失敗したくない」「失敗するのが怖い」と不安に思っている人は、「失敗から学ぶ」「失敗によって自分は成長する」という視点を持つことが大切です。

そうすれば、不安は自然に消えていくと思います。

「失敗を不安に思い何もしない人生」では、もったいない

◆「失敗してもいいから挑戦する人生」がいい

仕事でも、趣味でも、社会生活でも、新しいことにチャレンジしようと思えば、これまで経験のないことをするのですから、たくさんの失敗をすることが予想されます。

その「失敗すること」を不安に思って、新しいことにまったくチャレンジしない人もいます。

しかし、そんな「失敗が不安だから、何にもチャレンジしない」といった生き方が、その本人にとって幸せなものなのかどうかはわかりません。

何もせず、安定することを望んでいる人は、それでも構わないと思います。

しかし、何かやりたいと思う人は、自分がやりたいことに積極的にチャレンジしていってこそ、幸福感や充実感を得られるのではないでしょうか。

もし、そうであれば、失敗することを無暗《むやみ》に不安に思うのではなく、覚悟を決めて積極的にチャレンジしていくほうが良いと思います。

「相対性理論」を発見し、ノーベル物理学賞を受賞した物理学者であるアインシュタイン（19～20世紀）は、

「失敗を経験したことがない者は、何も新しいことに挑戦したことがないということだ」と述べました。

この言葉でアインシュタインが言いたかったのは、

「何か新しいことに挑戦すれば、失敗することもある」ということです。

さらに深く言えば、

「失敗することを不安に思って何もしないよりも、積極的に新しいことに挑戦していくほうがいい」ということだと思います。

「失敗しない人」より「失敗する人」のほうが評価が高い？

◆新しいことにチャレンジしながら、自分の立場を守っていく

「不安」という感情は、心理学的には「防衛本能」から発せられる感情だといわれています。「防衛本能」とは、「自分の立場を守ろうという本能」です。

たとえば、会社で働く人が、「社内での自分の立場を守りたい」と思ったとします。そのために、新しいことにチャレンジせず、命じられたことをただ忠実にこなしていくような働き方をします。

何か新しいことにチャレンジして、もし失敗することになれば、そのために自分の立場が危うくなる可能性もあるからです。

そのような事態になることに不安を感じて、新しいことにチャレンジせずに、職場ではあまり目立たないようにするのです。

しかし、ここで、改めて考えてみなければならないことがあります。それは、このような身の処し方が、本当に自分の立場を守ることにつながるのかどうか、ということです。

特に変化の激しい最新の業界では、新しいことにどんどんチャレンジしていかないと、企業も個人も生き残っていけなくなるかもしれません。

したがって、「失敗することを不安に思って、何もせずに大人しくしている人」という守りのタイプは、社内では評価が低くなりがちなのです。

チャレンジ精神を発揮できないという理由で、第一線からはずされる可能性もあるでしょう。

そうなれば、「失敗したくないから、新しいことにチャレンジしない」という身の処し方のために、まさに、今の自分の立場が危うくなるかもしれません。

そうならないためにも、**失敗することを必要以上に不安に思わず、時としてチャレンジしたほうがいい**と思います。

心に余裕を持って、一度や二度の失敗は許していく

◆心に余裕がないと、不安がどんどん大きくなる

オーストリア出身で、主にアメリカで経営学者として活躍した人物に、ピーター・ドラッカー（20～21世紀）がいます。彼は、

「成功とは常に成功することではない。

そこには、失敗を許す心の余裕がなければならない」と述べました。

経営する上では、「一度も失敗することなく、常に成功する」ということを望んだとしても、そもそもそれは不可能な話でしょう。

ビジネスだけではありません。

プライベートであっても、「常に成功する」のは不可能だと思います。

もしそうならば、無暗《むやみ》に「失敗すること」を不安に思っていても仕方ありません。

どんなに有能な人であっても、どこかで失敗を経験することになるからです。

ピーター・ドラッカーは、この言葉で、

「『人は誰でも失敗する』『失敗のない人生はありえない』というのであれば、初めから『一度や二度、失敗しても大丈夫。どうにかなる』と、失敗を許す心の余裕を持って置くことが大切だ」

ということを指摘したのだと思います。

そのような「心の余裕」があってこそ、失敗することを不安に思う気持が和らぐ、ということです。

そして、そのような「心の余裕」がないと、失敗を不安に思ってばかりいて、何もできないまま終わってしまうということにもなりかねません。

「振られたくない」という思いから、不安がふくらんでいく

◆「幸せになりたい」という思いから出発するのがいい

ある若い女性には、つきあっている恋人がいます。

恋人がいるのは、幸せなことです。

しかし、彼女には以前、元彼から振られた経験があり、そのためにいつも「また彼氏に振られたら、どうしよう」という不安に悩まされていたのです。

では、彼女がどうしてそのような不安感に悩まされるようになったのかと言えば、それは彼女の中で過去のトラウマ（心的後遺症）から、「彼氏に捨てられたくない」という思いが非常に強かったからなのです。

これも、ある意味、失敗を怖れる不安の一種と言っていいでしょう。

もちろん、これはあまり前向きな気持ちではありません。

どちらかというと、後ろ向きな思いと言えるのではないでしょうか。

そして、後ろ向きな思いは、また新たな後ろ向きな思いを呼び込みやすい、というのが人間の心理傾向なのです。

つまり、「振られたくない」という後ろ向きな思いが、また新たな「捨てられたらどうしよう」という不安を呼び込みます。

この悪循環から離れるためには、まずは、**もっと「前向きな思い」から始める意識を持つ**ことが大切です。

たとえば、「元彼のことは忘れて、今の彼氏と幸せになりたい」という思いから出発します。

そうすれば、「彼氏にもっとやさしくしてあげよう」「彼氏に手作りの料理をごちそうしてあげよう」「彼氏ともっと理解しあいたい」という、さらなる前向きな思いへとつながっていきます。

「彼氏との関係に失敗したくない」ではなく、「彼氏と幸せにやっていきたい」という、前向きな気持ちから出発するほうがいいのです。

世間体を不安に思うと、八方ふさがりにはまり込みやすい

◆不安を振り払って決断しなければならない時もある

次のようなケースがあります。

ある女性は、夫との関係がうまくいっていませんでした。

夫婦関係は、ほとんど破綻《はたん》状態と言っていいくらいです。

そこで、彼女は離婚を考えました。

しかし、なかなか離婚に踏み出すことができませんでした。

それは、世間体を気にしたからです。

つまり、もし離婚をしたら、周りの人たちから、「彼女は結婚に失敗した」と見なされることになる、という恐れを感じていたのです。

そして、彼女は、世間の人たちから「結婚の失敗者」と見なされることに強い不安

を感じたのです。

そのために離婚を決断できずにいました。

一方で、うまくいっていない夫との気まずい生活に一層息苦しさを感じるようになりました。

「世間体《せけんてい》」というものに不安を感じると、このケースのように、八方ふさがりの状態に陥《おちい》っていくことになりがちです。

離婚もできず、夫婦関係もますます悪いものになっていく、という「八方ふさがりの状態」にはまったまま、そこから抜け出すことができなくなるのです。

このケースでは、彼女は、結局は、**世間体を不安に思う気持ちを振り切って**、離婚を決意しました。

そうしなければ、自分自身が一層苦しくなっていくばかりと思えたからです。

そして、今は心が楽になり、前向きな気持ちで暮らしています。

世間体を不安に思いながら、どんどん悪い状況になっていく

◆世間体を不安に思う気持ちを吹っ切ってこそ、再起できる

青年実業家として成功した男性がいました。

確かに、彼の立ち上げた事業はすごい勢いで伸びていきました。

しかし、それは一時的なものだったのです。

ある時期から、会社の経営は、火の車になっていきました。

新しく手がけた事業が次々と失敗したからです。

しかし、彼は、経営が火の車であることを秘密にしていました。

なぜなら、世間の人たちから、「彼は結局、ビジネスで失敗した。つまり、失敗者だ」と見なされてしまうことに強い不安を感じたからです。

ですから、周りの人たちの前では、経営は万事うまくいっている、というように振

る舞っていました。

一方では、どうにか経営を盛り返すために、新たに借金をして無理な事業へと手を出していったのです。

そのために結局は会社は倒産し、彼自身も破産することになりました。


このような事例も、「世間の人たちからどう思われるか不安だ」という気持ちから、会社を清算するという思いきった決断や行動ができずに、八方ふさがりの状態にはまり込んでいった、ということではないかと思います。

そして、みずから自分をますます苦しい状況へと追い込んでいったのです。

このようなことになるのを避けるためには、やはり、**「世間体が不安だ」という思いをどこかで振り切って**決断しなければならないのでしょう。

そうしてこそ、再起することもできます。

いつまでも世間体を不安に思う気持ちから脱し、決断し行動しないでいると、結局は、再起するチャンスも逃すことになるのです。

新しい環境には、ゆっくりと慣れていけばいい

◆「早く受け入れてもらいたい」と、焦らない

新しい環境に移らなければならない時には、誰もが不安を感じます。

たとえば、会社の人事異動です。

異動になった当事者とすれば、

「異動先の部署の人たちに、スムーズに受け入れてもらえるだろうか」

「新しい部署の人たちに、自分の仕事の能力を認めてもらえるだろうか」

「新しい部署の人たちに、ついていけるだろうか。自分が足を引っ張ることにならないだろうか」といった様々な不安が胸をよぎります。

会社の中で異動になった際には、注意しなければならないことがあると思います。それは次の三点です。

・焦《あせ》らない
・無理をしない
・ゆっくりと

まずは「早く受け入れてもらいたい」「すぐに認めてもらいたい」と、焦らないことです。

気持ちが焦ると、かえって余計なミスをして、自分自身の評価を下げる結果になりがちです。

また、「焦り」という感情は、強い精神的なストレスをもたらします。

そのために、かえって不安感が強まっていくこともあります。

人間というものは、それほど器用ではありません。

新しい環境に慣れていくのには多少の時間もかかります。

したがって、「無理をせず、ゆっくりと、自然に、ありのままの自分を受け入れてもらえばいい」といったように、精神的な余裕を持っておくほうが良いと思います。

昇進しても「ありのままの自分」を見てもらうのがいい

◆昇進がきっかけで、うつ症状を発症する人もいる

精神医学に「昇進うつ」という言葉があります。

たとえば、会社で課長や部長に昇進したとします。

ビジネスパーソンにとっては昇進は喜ばしいことだと思いますが、昇進をきっかけに心身の健康を崩す人もいます。

なぜ、そのようなことになるのかと言えば、往々にして、そこには不安があるからです。

それには、「焦りと無理」が影響しているのです。

昇進をきっかけに、人によっては、

「私は周囲の期待に応えられるだろうか」

「リーダーシップを発揮して、部下たちを引っ張っていけるだろうか」

といった不安にかられます。

そして、「どうしても期待に応えたい」と、焦ります。

「とにかく部下たちの信望を得たい」と、無理をして「強いリーダー像」を装ったりします。

その焦りと無理が精神的なストレスになっていき、「私は本当に課長(部長)としての責任を果たしていけるのだろうか」という不安が一層増していきます。

そのために、うつ症状を発症する人もいるのです。

そうならないために大切なことは、「平常心」を心がける、ということです。

昇進した時には「なお一層がんばろう」と張り切る気持ちになるのはわかりますが、**心のどこかで「これまで通り、ありのままの自分を見てもらおう」と平常心を持っておく**ことが大切です。

そうすれば、強い不安がストレスになることもないと思います。

第8章
不安を作り出す「妄想」を捨てる

今、不安に思っていることなど、ほとんどは起こらない

◆起こりもしないことを不安に思うのは、時間の無駄である

人は様々な形で、自分の将来のことを不安に思います。

「このビジネスでもしも失敗することになったら、大変だ」

「老後、生活ができなくなったら、どうしよう」

「人にだまされるのが、不安でしょうがない」

といったようなことです。

確かに、そのように不安に思っていたことが的中する場合もあるかもしれません。

しかし、実際には、人間が不安に思っていることなど起こらずに済む場合が、ほとんどではないでしょうか。

確かに、不幸な経験をすることはあるでしょう。

しかし、それは、たいてい「まったく予想もしていなかった」という形で襲ってくるものです。

一方で、人が将来について予想し、不安に思っていることは、ほとんどの場合、「何も起こらずに済んでいる」のです。

フランスの小説家であるバルザック（18～19世紀）は、

「結局のところ、不安に思っている最悪の不幸など決して起こらない。たいていの場合、不幸を予想し不安に思うから苦しい目に遭《あ》う」と指摘しました。

不安が的中することもありますが、実際に起こらないことを過度に不安に思って、みずから自分の心を苦しめている、という場合も多いのです。

もしそうならば、将来に不安を感じることなど、時間の無駄だと言っていいでしょう。

そして、「自分は、ただ無駄なことを考え、無駄な時間を過ごしているだけだ」と気づくだけでも、今のその不安が消えていくと思います。

「不安」という感情が、無意味な「錯覚」を生じさせる

◆不安のあまり、思い違いをしないように注意する

イギリスの劇作家であるウイリアム・シェイクスピア（16〜17世紀）は、**「不安な心には、ただの茂《しげ》みが熊《くま》に見えてしまう」**と述べました。

たとえば、「怖い獣《けもの》に襲われたら、どうしよう」と不安に思いながら、森の中を歩いているとします。

すると、草や低木《ていぼく》の単なる茂みが、熊に見えてしまう時がある、ということです。

つまり、不安という感情を胸に抱いていると、実際にはありもしない「錯覚《さっかく》」に惑わされることがあるのです。

たとえば、今は何の病気もなく健康的に暮らしている人でありながら、「私は一年後

に大病にかかって死ぬのではないか」という不安を抱いている人がいたとします。

するると、その人は、そんな不安のために、様々な錯覚をするようになりがちなのです。

ちょっと胃が痛むだけで、「ガンではないか」と不安になります。

ちょっと体調が悪いだけで、「何か重大な病気にかかっているのではないか」と心配になってきます。

実際には、そんな事実はまったくないのですが、不安が新たな不安を呼んで、その人に「錯覚」を生じさせることになります。

まさに、「ただの茂みが熊に見えてしまう」ということになりかねません。

「不安」という感情のために、このように精神的に振り回されるのは意味のないことだと思います。

「不安」という感情が、時に、人にこのような「錯覚」を生じさせることがあるのです。

人が不安に思っていることは、妄想かもしれない

◆妄想のために「大切なこと」を見失ってはいけない

禅の言葉に、**「莫妄想《まくもうそう》」**というものがあります。

この言葉にある「莫《まく》」は「莫《なか》れ」とも読みますが、「～してはいけない」という意味があります。

つまり、「莫妄想」とは、**「妄想してはいけない」**ということです。

禅では、人が不安に感じていることなど、「ほとんどが妄想にしかすぎない」と考えます。

つまり、実際には起こる可能性などほとんどないことを心配して、「そうなったら、どうしよう」と不安に思っているにすぎない、ということです。

したがって、禅では、「そのような妄想に振り回されて、無駄な時間を過ごしてはいけない」ということを指摘しています。

さらに言えば、「実際には心配する必要のないことを不安に思うと、そのことに振り回されて今やらなければならない大切なことが疎《おろそ》かになってしまう。だから、妄想にしかすぎないことに振り回されてはいけない」ということなのです。

たとえば、「明日、私は、今勤めている会社をリストラされてしまうかもしれない」という不安にかられている人がいたとします。

実際には、そんな心配はまったくないのですが、その本人は不安でしょうがないのです。

そして、そのために「今やらなければならない大切な仕事」に集中できなくなります。

こんなことでは、かえって一層リストラになる可能性が高まるだけでしょう。

そうならないためには、「今自分が不安に思っていることは、ほとんど『妄想』でしかないのではないか」ということを、いつも自問自答する必要があります。

「この不安は妄想でしかないのではないか」と、自分に問いかける

◆「妄想にすぎない」と気づくだけで、その不安は消えていく

人が「不安」という感情にとらわれてしまうのには、もちろん、それなりの理由があると思います。

たとえば、職場で「最近、上司から叱られてばかりいる」という事実が実際にあったとします。

そのために、「なぜ私は上司から叱られてばかりいるのだろうか？　私はきっと上司からまったく期待されていないのだ。このままでは、きっとリストラされることになるだろう。この会社から追い出されることになるのではないか」と、不安を募《つの》らせる人もいるかもしれません。

確かに「上司から叱られてばかりいる」というのは、紛れもない事実なのかもしれ

ません。

しかし、その後の「上司から期待されていない」「リストラされる」「会社から追い出される」といった不安は、その人自身が頭の中で勝手に作り上げた「妄想」にすぎないかもしれません。

実際には、上司は、「大きく飛躍してほしい」と期待しているからこそ、あえて厳しい態度で接しているのかもしれないのです。

それにも関わらず、妄想に過ぎない不安によって、やる気をなくし、ふてくされ、上司に反抗的になっていく危険もあります。

その結果、本当に、「リストラされてしまう」という事態にもなりかねないのです。

自分で作り上げた妄想によって、みずからの運命を悪い方向へ導いていくのは、愚かなことだと思います。

そうならないために大切なのは、自分自身で**「この不安は、単なる妄想でしかないのではないか」と、みずからに問いかけてみる**ことです。

「事実」は変えられないが、「考え」は変えることができる

◆不安は「思い直す」ことで消し去ることができる

スイスの政治家であり、また、哲学的な本を書く文筆家でもあった人物に、カール・ヒルティ（19〜20世紀）がいます。彼は、**「人を不安にするものは、事実そのものではなく、むしろそれに関する人の考えである」**と述べました。

たとえば、その日、雨が降っていたとします。

それは、ヒルティがこの言葉で言う「事実」です。

そして、その雨を見ながら、何となく、うつな気分になって、「雨が降っているから、何か嫌なことが起こるんじゃないか」と不安な気持ちになってきます。

その不安な感情は、雨が降っているという事実に関する「その人の考えである」と、ヒルティは指摘しているのです。

しかも、その「考え」は、ほとんど妄想に近いと言えるものだと思います。

ここで大切なのは、「事実」は変えられないが、「考え」は変えられる、ということなのです。

その考えが妄想でしかないことに気づき、「雨が降る景色が美しい。今日は、いつもと違った、何かいいことが起こるかもしれない」と思い直すこともできます。

そうすれば、その不安も心から自然に消えていくでしょう。

不安を感じたら、その場で、良い方向へ「思い直す」習慣を身につけるといいと思います。

「不安」と「問題」を区別して考えるようにする

◆「問題への対処法」に意識を集中する

不安という感情への上手な対処法があります。

「不安と問題を区別して考えるようにする」。

これが有効であることが、心理学の研究で知られています。


たとえば、ある会合に出席するために新幹線に乗車したとします。

しかし、その新幹線が、途中で、突発的なトラブルに見舞われて停車しました。

社内アナウンスで、「トラブルが解決するまで、この列車は停車します」と連絡がありました。

その新幹線は、そのまま一向に動き出そうとしません。

このままでは会合に遅れることになります。

「どうしよう」と、不安になります。

このようなケースでは、まずは、「会合に遅れたら、どうしよう」という「不安」と、「出席予定の会合に遅れる」という「問題」を区別して考える、ということが大切になります。

そして、「では、この問題にどう対処すればいいか」ということに集中します。

そうすれば「会合の主催者にメールで連絡を入れておこう」だとか、「携帯電話で連絡を入れよう」といった対処策が見つかります。

そうしたら、その対処策を具体的な行動に移せばいいのです。

これで、「会合に遅れたら、どうしよう」という不安は和らぎます。

しかし、そこで、心が不安にとらわれたままでいると、頭が混乱していくばかりで、適切な対処策を取れないのです。

「問題」への具体的な対処策が見つかれば、不安が消えます。

「不安」と「問題」とを区別して、切り離して考えればよいのです。

不安への上手な対処法は「沈着冷静さ」にある

◆沈着冷静になって問題への対処法を考える

ドイツの軍事学者に、クラウゼヴィッツ（18～19世紀）がいます。

クラウゼヴィッツは、戦場という恐怖と不安が強くのしかかってくる状況において、どう振る舞えばいいか、というテーマについて様々な指摘をしています。

このクラウゼヴィッツの言葉は、現代に生きる一般の人たちにとっても参考になる点があると思います。

たとえば、彼は、**「恐怖感、不安感が強い人ほど、悪いことはより大げさに考えやすい」**と指摘しました。

ある悪い状況に陥った時に、恐怖感や不安感が強いタイプの人は、「もうダメだ。どうしようもない」という悲観的な気持ちになりやすいのです。

本当は、上手に対処すれば、その悪い状況を抜け出す方法があるのですが、その状況を大げさに考えすぎて、戸惑ってばかりいるだけで何も有効な対処策を打ち出せないのです。

いわば妄想としか言いようがないほどの不安にとらわれて、何もできなくなってしまうのです。

また、クラウゼヴィッツは、**「予期しない形で悪い状況に直面した時、これを処理できる能力を『沈着冷静』という」**とも述べました。

この言葉を、言い換えれば、「沈着冷静になることで、その恐怖感や不安感を打ち消し、どう対処すればいいかと考え、また適切な行動を取れる」ということです。

では、どうすれば沈着冷静になれるのかと言えば、それは「不安と問題とを区別する」ということです。

意識を不安から切り離して、「何が問題であり、どうすれば問題を解決できるか」ということに集中することが大切なのです。

人生には、思いも寄らないことが起こるものだ

◆覚悟を持っておくだけで、沈着冷静に対処できる

科学者、また、登山家として活躍した人物に、西堀栄三郎《にしぼりえいざぶろう》（20世紀）がいます。

彼は、戦後の日本が初めて南極に遠征した際に、遠征隊隊長の役割を担《にな》ったことでもよく知られています。

この西堀栄三郎は、

「つねに沈着冷静でいられる方法は、『思いもよらないことが必ず起こるぞ』ということを、覚悟していることにある」と述べました。

つまり、この言葉で指摘されているとおり、「人生では、まったく思いも寄らないことが起こるものだ」という心構えを持っておくことが大切なのです。

そのような心構えや、覚悟といったものがあるだけでも、いざ本当に突発的な問題

に見舞われた時に、その事態を無暗《むやみ》に不安に感じるのではなく、沈着冷静に対処できるようになります。

つまり、不安とは切り離して、その問題にどう対処すればいいかということを沈着冷静に考えることができます。

したがって、可能性として「どのような問題が起こるのか」ということを、色々な角度からあらかじめ予測しておくことが必要です。

そして、その問題への対処策も、事前に用意しておきます。

そうすれば、突発的な問題に対して、さらに一層沈着冷静に対処できます。

もしも、事前に予想していた問題とはまた別の問題に直面することになっても、事前に準備していたことを応用して対処できる場合もあるでしょう。

精神的な意味でも、また、具体策という面においても、「備えあれば、憂《うれ》いなし」です。

言い換えれば、「備えあれば、不安なし」ということなのです。

普段から、「自分を守ってくれる武器」を磨いておく

◆心構えや準備ができていないと、不安に振り回される

イソップ物語に、「イノシシとキツネ」という話があります。

ある日、一頭のイノシシが、自分の牙《きば》を一生懸命になって磨《みが》いていました。

牙は、イノシシにとって、敵から襲われた時に、我が身を守るための重要な武器になります。

しかし、今、そのイノシシに何か危険なことが迫っている様子はありませんでした。

そのことを不思議に思ったキツネが、そのイノシシに近づいて、

「君は、いったい何をしているの？　今、君を襲ってやろうという敵が近くにいるとは思いませんが」と語りかけました。

すると、そのイノシシは、

「いつ敵に襲われて危険な目にあうかわからない。その時のことを不安に思ったり、イザという時に慌てないで済むように、**安全でいる時からしっかり準備をしているの**さ」と答えました。

この話は、不安感や恐怖感というものに上手に対処する方法として、「安全な時から、しっかり準備しておくことの大切さ」を示しています。

いわば「備えあれば、不安なし」なのです。

不安を感じるような事態への心構え、そして、しっかりとした準備があってこそ、安心して生きていくことができます。

言い換えれば、そんな心構えや準備がしっかりできていない人は、ともすると、不安という感情に振り回されて、緊急事態の時、何をどうすればいいかわからなくなる、ということになりかねないのです。

その不安のために、沈着冷静な判断ができなくなる

◆不安がもたらす危険な面を知っておく

不安という感情にかられている状態では、人は往々にして、的確な判断ができなくなる、ということが心理学で知られています。

心理学で、次のような実験があります。

二通りの条件で行われるクジ引きがありました。

一つは、「クジを引いた人には無条件ですべての人が100万円もらえる」というものです。

もう一つは、「クジに当たれば200万円もらえるが、もし外れた場合には1円のお金ももらえない」というものです。

実験者は、この実験に参加した人たちに、「あなたは、どちらのクジを引きますか」

と尋ねました。

大多数の人たちが「クジを引くだけで100万円もらえる」というほうを選びました。

それは「リスクなく得をする」という合理的で的確な判断だと言えます。

しかし、少数の人たちは、あえて「外れる」というリスクがあることを承知しながらも、「クジに当たれば200万円もらえる」というほうを選びました。

それらの人たちには、ある共通点がありました。

それは「多額の借金を背負って、明日の生活もどうなるかわからないという不安にかられている人たち」だったのです。

この実験からは、**不安という感情が、しばしば、人間の冷静で的確な判断力を狂わせることがある**、ということを示しています。

とりあえず100万円あれば、今後の生活を立て直すことも可能であったはずなのですが、不安があると、そんな冷静で的確な判断をすることができなくなるのです。

不安という感情のために、時に間違った判断をすることがあるのです。

第9章
周囲の状況に振り回されない

他人の「不安な言葉」に惑わされないようにする

◆自分自身の意見や考えをしっかり持っておく

人には、「不安になるようなことを言う人の話を聞いていると、自分まで不安な気持ちになってくる」という心理傾向があります。

たとえば、学校で、クラスメイトが「今度の試験は不安でしょうがないんだ」と言い出します。

すると、言われた本人までが、何となく、「僕は大丈夫だろうか。僕まで不安になってきた」という気持ちになってしまうのです。

社会人になってからも、たとえば、このようなことがないでしょうか。

経済評論家として有名な誰かが、テレビで、「私は正直言って、経済の先行きに不安を感じているんです」といった話をしています。

そんな話を聞いているうちに、「私の仕事も今後、不景気になって業績が下がるかもしれない。給料も下がるかもしれない」と、不安な気持ちになってくるのです。

このように、人は、周りの人たちの発言に大きな影響を受けながら暮らしているものなのです。

不安なことを言う人のために、自分まで不安な気持ちにさせられる、ということがよくあるのです。

そして、そのために自分自身まで落ち着かない気持ちになり、場合によっては、心を乱され、悲観的なことばかり考えるようになります。

そのために、みずから悪い結果を招いてしまうこともあるでしょう。

そのように、他人から悪い影響を受けずに済む方法としては、**「自分でよく学び、自分なりの意見や考えをしっかり持っておく」**ということが大切になります

そうでないと、他人の言葉に振り回されて、自分自身が苦労することになるのです。

「不安」という感情は、人に与える影響力が強い

◆他人の言葉に下手に影響されてはいけない

心理学者として活躍した人物に、河合隼雄《かわいはやお》（20〜21世紀）がいます。

彼は、**「不安というものは、人を巻き込む力が強い**（意訳）」と述べました。

この言葉にある「人を巻き込む力が強い」とは、言い換えれば、「人に与える影響力が強い」という意味だと思います。

身近に不安な気持ちになっている人がいると、不思議なことに、自分まで不安な気持ちになってきます。

こんな話があります。

女優として活動するA子さんという若い女性がいました。

女優とはいっても、まだまだ無名でした。

このA子さんが、ある映画に出演するためのオーディションに参加した時のことです。

オーディションの面接を待つ待合室で、隣に座っていた女性が話しかけてきました。

「私、面接で失敗しちゃうんじゃないかって、不安でしょうがないの」と言うのです。

その話を聞きながら、A子さん自身も不安な気持ちになっていきました。

そのために、A子さんは、面接の際、言葉につっかえたり、うまく自己アピールできなくなったりして、結局、そのオーディションに受かることができなかった、と言います。

このように人というのは、身近に「不安だ」という人がいると、自分自身まで不安な気持ちになってくる、という心理傾向があるのです。

そうならないためには、日頃から「他人の言葉に影響されないようにしよう」と心がけておくことが重要になります。

主体性がない人ほど、他人の言葉の影響を受けやすい

◆「自己実現をはかりたい」と思って仕事をする

他人の言葉に影響を受けやすいタイプの人がいます。

たとえば、職場の同僚が、「僕がこの仕事でやっていけるかどうか不安に思っている」と言い出したとします。

そんな同僚の話を聞いているうちに、自分まで「私も不安になってきた」という気持ちになるのです。

そのために、仕事への自信を失い、仕事で成果を上げることができなくなってしまいます。

このように他人の言葉に影響を受けやすいタイプには、ある共通点があるように思います。

その一つは、「主体性がない」ということです。

逆の言い方をすれば、主体性をもって仕事をしている人は、他人の言葉から悪い影響を受けることはあまりありません。

「私は、この会社で、こんな仕事をしたい」

「仕事を通して、このように自己実現していきたい」

「この仕事に、私は私なりの夢を持っている」

このような**主体性を持っている人は、身近な同僚が「この仕事でやっていけるかどうか不安だ」といった話をしたとしても、その言葉に影響されて自分まで不安な気持ちになることはない**のです。

周りの人たちが不安なことを言ったとしても、それに動じることなく、自分の仕事に向かってまい進していけます。

そして、むしろ、同僚の中に不安なことを言う人がいたら、

「不安になんて思うことはない。一緒にがんばっていこう」

と、励ますこともできるのです。

自分ならではの目標を持ち、目標達成のための計画を立てる

◆「目標」と「計画」があれば、主体的になれる

古代中国の思想家である孔子《こうし》（紀元前6～5世紀）は、

「君子《くんし》は和《わ》して同《どう》ぜず。小人《しょうじん》は同じて和せず」

と述べました。

この言葉にある「君子は和して同ぜず」には、「すぐれた人間は、周りの人たちと仲良く協調していくが、しかし、一方では、自分の主体性を失うことなく、自分ならではの個性的な生き方を実践していく」という意味があります。

また、「小人は同じて和せず」には、「すぐれた特質のない人間は、周りの人たちと協調していこうという精神がない。しかし、一方では、周りの人たちから悪い影響を簡単に受けてしまう」という意味があります。

もちろん孔子は、主体性を持って生きる「君子」であることを理想とするのがいいと勧めています。

主体性のある「君子」になることができれば、周りの人たちが不安なことばかり言っていたとしても、それに悪い影響を受けることなく、自分に自信を持って生きていけます。

では、どのようにすれば、主体性のある生き方を実践できるかと言えば、まずは、次の二点のことが大切になると思います。

・自分ならではの目標を持つ
・その目標を達成するための計画を立てる

この二つのことを実践するだけでも、主体性を持って生きていけます。

そうすれば、身近な人たちがもらす「不安な言葉」から悪い影響を受けて、自分まで不安な気持ちになっていくこともなくなると思います。

目標があると、不安もない

◆雇われている立場でも、主体的な生き方をする

あるケーキ屋で、従業員として働いている女性がいます。

彼女が月々もらっている給料は、必ずしも高額ではありません。女性一人で暮らしていくのがやっと、という金額です。

しかし、彼女は、それを不安に感じることはありません。

また、その店の主人は、従業員の教育に関してとても厳しく指導する人です。

そのために、従業員の中には、「このお店でいつまで働いていられるか不安だ」ということを口にする人もいます。

しかし、周りの人たちが不安な言葉をもらすことがあっても、彼女はそれに影響を受けることはありません。

ひたすら自分の仕事に没頭《ぼっとう》しているのです。

では、どうして彼女は不安を感じることがないかと言えば、それは、彼女には彼女なりの目標と計画があるからなのです。

それは、「その店で一生懸命に修業をして、一人前のケーキ職人になって、その後は独立して自分の店を持つ」ということなのです。

つまり、彼女は主体性を持って生きているのです。

今はそのケーキ店で「雇われている」という立場なのですが、「ゆくゆくは独立する」という目標と、「そのためにこの店で修業する」という計画があるおかげで、主体性のある生き方を実践できているのです。

そして、**主体性のある生き方をしているからこそ、必要以上に不安に思ったり、周りの人たちの不安な言葉に影響を受けることもない**のです。

自信を持って、不安なく自分の生き方を貫いているのです。

「主体性のある生き方」には、大きな喜びがある

◆主体的な生き方は決して「面倒」ではない

「主体性がない」と言われる人たちがいます。

そのようなタイプの人たちに共通するのは、

「自分で考えて、自分の考えに従って行動していくのは面倒だ」

「人から言われることに素直に従っていくほうが、楽でいい」

という考え方です。

確かに、主体性を持って生きていくことは「面倒だ」という一面もあるのかもしれません。

また、そのような主体性というものを持たずに生きていくほうが「楽だ」という面もあるのかもしれません。

しかし、そのように言う人は、恐らく、「主体性を持って生きることの喜び」を実感した経験がないのではないかと思います。

自分ならではの目標を持ち、その実現のために主体性を持って生きていくことは、その人に大きな「生きる喜び」をもたらします。

そして、その「生きる喜び」を実感することができれば、たとえ「面倒」であっても、主体的な生き方を選択していくことになると思います。

アメリカの心理学者であるアブラハム・マズロー（20世紀）は、

「自己実現をすることが、人間にとってもっとも大きな喜びを実感できることである」と説きました。

このマズローが言う「自己実現」とは、つまり、「自分ならではの個性的な目標を作って、その目標を達成するために自分らしく生きていく」という意味です。

そのようにして自己実現を目指し、主体的で喜びに満ちた人生を送っている人は、「他人の不安な言葉」に振り回されることもありません。

周りの人に「無理」と言われると、急に不安になっていく

◆あくまでも自分の夢を追い続けていい

定年退職が迫ったある男性には、次のような経験があると言います。

彼は若い時から「そば打ち」を趣味にしていました。

自分でそばを打って家族に食べさせたり、時には、友人たちを自宅に招いて自分が打ったそばを振る舞っていました。

彼は、定年退職後に、自分で店を持って、そば屋を開きたい、という夢を持っていたのです。

商売として本格的にそば打ちを始めたいと考えたのです。

そして、家族や友人たちに、そのことを相談しました。

すると、奥さんや友人たちから、

「あなたには無理よ」

「失敗することになるんじゃないか」

などと、否定的なことを言われました。

すると、彼自身も「やっぱり自分には無理なのかもしれない」と不安な気持ちになってきて、そば屋を開きたいという夢をあきらめた、というのです。

この事例のように、自分ならではの夢を持ちながら、周りの人たちから否定的なことを言われたことで、どんどん不安な気持ちになっていく…ということは、よくあるのではないでしょうか。

そこで、せっかくの夢をあきらめる人もいるでしょう。

しかし、そこで、せっかくの夢をあきらめてしまうのは、その人の人生にとって残念なことではないでしょうか。

周りの人たちの言葉によって不安になるのではなく、あくまで自分の夢に向かって主体的に努力を続ける生き方が大切だと思います。

「信念のある人」は、人の言葉で不安になったりしない

◆信念を持って、自分の夢に突き進んでいく

「自分の夢を実現する」といっても、もちろん、周りの人たちの意向をまったく無視して、自分一人で勝手に突っ走っていけばいい、というものではありません。

夢へ向かって出発するにあたっては、当然、家族や友人たちに相談しなければならない時もあるでしょう。

ただし、その際に、気をつけたほうがいいことがあります。

それは、相談した際に、家族や友人たちから反対されたり、否定的なことを言われることもある、ということです。

そして、その時に、自分自身がどう考えるか、ということなのです。

人によっては、反対意見や否定的な言葉を言われることで、自分自身が不安な気持

ちになっていくこともあるでしょう。

そして、結局、その夢をあきらめる人も出てくるかもしれません。

事情によっては、それも仕方ないことだからです。

しかし、「夢を叶えたい」という信念の力が足りない場合もあるでしょう。

アメリカの第三十代大統領は、カルビン・クーリッジ（19～20世紀）という人物です。彼は、

「偉大な計画を実行しようとすると、必ず周りから『そんなの無理だ』と言われることになる。だが、そんな言葉は気にしなくていい。周りから無理だと言われる時こそ、目標に向かって努力すべき時なのだから」

と述べました。

この言葉は、言い換えれば、「周りの人に何を言われようが、信念を持って自分の夢に向かって進んで行くことが大切だ」ということだと思います。

そんな「信念の力」によって、不安を吹き飛ばすことが可能なのです。

笑いものにされ、反対された先に、大きな成功がある

◆賛同者が増えてくるまで、主張し続ける

ドイツの哲学者であるショーペンハウエル（18〜19世紀）は、**「何事も、成功までには三段階ある」**と指摘しました。

では、その「三段階」とはどのようなものかと言えば、次のとおりです。

・第一段階…人から笑い者にされる。
・第二段階…激しい反対にあう。
・第三段階…それまで、笑いものにしたり、反対したりした人たちがいつの間にか、「あなたの意見が正しかったのは、最初からわかっていた」と同調するようになる。

たとえば、会社で、あるプロジェクトを提案したとします。

その本人からすれば、「このプロジェクトは絶対に成功する」という信念を持って提案したのです。

ところが、周りの人たちからは、「そんなの無理に決まっている」と笑われます。

しかし、それでも信念を貫き、そのプロジェクトを提案し続けます。

すると、周りの人たちは、それに強く反対するようになります。

それでも、あくまでも信念を持って、「このプロジェクトを、ぜひ実現させましょう」と主張し続けます。

すると、その信念の力に負けて、だんだんと賛同者が増えていきます。

そして、ついにそのプロジェクトの提案が通り、実際に成功したとします。

すると、それまで笑いものにしたり、反対していた人が「あなたの意見が正しかったのは、最初からわかっていた」といったことを言い出すのです。

つまり、**「笑いものにされても、反対されても、それを無暗《むやみ》に不安に思うのではなく、あくまでも自分の信じる道を進むことが成功への道だ」**と、ショーペンハウエルは言っているのです。

不安だからといって、自分の考えを曲げてはいけない

◆最終的には賛同してもらえると信じる

ドイツの哲学者であるショーペンハウエルが、自分の思想を体系的にまとめた『意志と表象としての世界』という書物を出版したのは、彼が三十歳を過ぎた時のことでした。

彼は自分で書いたその書物に自信を持っていましたが、しかし、世間からはまったく評価されなかったのです。

彼の思想が、これまでになかった斬新《ざんしん》で画期的なものであったため、多くの人たちの理解を得られなかったのです。

中には、「なんてくだらないことを言っているんだろう」と、彼を笑いものにする人さえいました。

しかし、彼は自分の思想が正しいということに強い信念があったので、笑いものにされることがあっても、粘り強く自分の思想を主張し続けました。

すると、周りの人たちは、彼に「あなたの思想は間違っている」と反対意見を浴びせかけるようになりました。

しかし、それでも彼は自分ならではの思想を主張し続けました。

すると、だんだんと彼の思想に賛同する人たちが増えていきました。

そして、それまで彼の思想を笑いものにしたり、反対していた人さえもが、「あなたの思想が正しかったことは、最初からわかっていた」ということを言い始めたのです。

ショーペンハウエルの**「何事も、成功までには三段階ある」**という言葉は、このような彼自身の体験から生まれました。

「信念のある人」は、周りの人たちの言葉によって不安になり、自分の考えを曲げるようなことはしないものなのです。

植西 聰（うえにし・あきら）

東京都出身。著述家。

学習院高等科・同大学卒業後、資生堂に勤務。

独立後、人生論の研究に従事し、独自の『成心学』理論を確立。同時に「心が元気になる」をテーマとした著述活動を開始。

一九九五年（平成七年）、「産業カウンセラー」（労働大臣認定資格）を取得。

○主なベストセラー著書
・折れない心をつくるたった1つの習慣（青春出版社）
・平常心のコツ（自由国民社）
・「いいこと」がいっぱい起こる！ブッダの言葉（三笠書房）
・マーフィーの恋愛成功法則（扶桑社文庫）
・ヘタな人生論よりイソップ物語（河出書房新社）
・「カチン」ときたときのとっさの対処術（KKベストセラーズ）
・運がよくなる100の法則（集英社）
・願いを9割実現する マーフィーの法則（KADOKAWA）

○近著
・迷いがすっきり消えるイソップ人生論（海竜社）
・〝魅力的な女性〟になるための心の持ち方（辰巳出版）
・満足するコツ（自由国民社）
・迷いを一瞬で消せる「最後心」の心構え（ワニブックス）

不安《ふあん》を消《け》すコツ
「安らぎ」で心を満たす96のことば

二〇二〇年（令和二年）十一月二日 初版第一刷発行

著 者 植西 聰
発行者 伊藤 滋
発行所 株式会社自由国民社
東京都豊島区高田三—一〇—一一
〒一七一—〇〇三三 http://www.jiyu.co.jp/
振替〇〇一〇〇—六—一八九〇〇九
電話〇三—六二三三—〇七八一（代表）
造 本 JK
印刷所 新灯印刷株式会社
製本所 新風製本株式会社